Wie wird mein Kind wieder glücklich?

Wie wird mein Kind wieder glücklich?
Gunter Groen, Franz Petermann

Wissenschaftlicher Beirat Programmbereich Psychologie:
Prof. Dr. Guy Bodenmann, Zürich; Prof. Dr. Lutz Jäncke, Zürich;
Prof. Dr. Franz Petermann, Bremen; Prof. Dr. Astrid Schütz,
Bamberg; Prof. Dr. Markus Wirtz, Freiburg i. Br.

Gunter Groen
Franz Petermann

Wie wird mein Kind wieder glücklich?

Praktische Hilfe gegen Depressionen

2., überarbeitete Auflage

Prof. Dr. Gunter Groen
Hochschule für Angewandte Wissenschaften Hamburg
Fakultät für Wirtschaft und Soziales
Alexanderstrasse 1
20099 Hamburg
Deutschland
E-Mail: gunter.groen@haw-hamburg.de

Prof. Dr. Franz Petermann
Zentrum für Kl. Psychologie und Rehabilitation der Universität Bremen
Grazer Strasse 6
28359 Bremen
Deutschland
E-Mail: fpeterm@uni-bremen.de

Geschützte Warennamen (Warenzeichen) werden nicht besonders kenntlich gemacht. Aus dem Fehlen eines solchen Hinweises kann also nicht geschlossen werden, dass es sich um einen freien Warennamen handelt.

Bibliografische Information der Deutschen Nationalbibliothek
Die Deutsche Nationalbibliothek verzeichnet diese Publikation in
der Deutschen Nationalbibliografie; detaillierte bibliografische Daten
sind im Internet über http://www.dnb.de abrufbar.

Dieses Werk einschließlich aller seiner Teile ist urheberrechtlich geschützt. Jede Verwertung außerhalb der engen Grenzen des Urheberrechtes ist ohne Zustimmung des Verlages unzulässig und strafbar. Das gilt insbesondere für Kopien und Vervielfältigungen zu Lehr- und Unterrichtszwecken, Übersetzungen, Mikroverfilmungen sowie die Einspeicherung und Verarbeitung in elektronischen Systemen.

Anregungen und Zuschriften bitte an:
Hogrefe AG
Lektorat Psychologie
Länggass-Strasse 76
3012 Bern
Schweiz
Tel. +41 31 300 45 00
verlag@hogrefe.ch
www.hogrefe.ch

Lektorat: Dr. Susanne Lauri
Herstellung: René Tschirren
Umschlagabbildung: Getty Images / Juanmonino
Umschlag: Claude Borer, Riehen
Satz: Claudia Wild, Konstanz
Druck und buchbinderische Verarbeitung: Finidr s. r. o., Český Těšín
Printed in Czech Republic

1. Nachdruck 2022 der 2., überarbeiteten Auflage 2019
© 2019 Hogrefe Verlag, Bern
© 2011 Verlag Hans Huber, Hogrefe AG, Bern

(E-Book-ISBN_PDF 978-3-456-95959-7)
(E-Book-ISBN_EPUB 978-3-456-75959-3)
ISBN 978-3-456-85959-0
https://doi.org/10.1024/85959-000

Inhalt

Vorwort zur zweiten Auflage 9

Einleitung 11

Fallbeispiele: Die vielen Gesichter der Depression 15
   Jennifer, 16 Jahre: Keiner versteht mich 15
   Marc, 15 Jahre: Das Gefühl, allein auf der Welt zu sein 16
   Laura, 15 Jahre: Für andere da sein 18
   Jonas, 10 Jahre: Bloß nicht zeigen, wie traurig ich bin 19
   Timo, 14 Jahre: Ich traue mich nicht 20
   Marie, 7 Jahre: Zu viele Sorgen 21
   Tim, 9 Jahre: Zwischen den Stühlen 22
   Pauline, 13 Jahre: Nie gut genug 23
   Avid, 16 Jahre: Der Spott der anderen 23

Die Entwicklung und Bedeutung von Gefühlen 25
   Wozu braucht der Mensch Gefühle? 25
   Wie entwickeln sich Gefühle bei Kindern? 27
   Grundbedürfnisse von Kindern und Jugendlichen 28
   Grundbedürfnis nach sicherer Bindung und Geborgenheit 28
   Die weiteren Grundbedürfnisse 31
   Den Umgang mit Gefühlen lernen und stärken 34
      Lernen durch Entdecken und Ausprobieren 36
      Lernen von verlässlichen Zusammenhängen 37
      Entwicklung durch Zuwendung und Anerkennung 37
      Soziales Lernen – Eltern als Modell 38

Was ist eine Depression? 41
  Kennzeichen psychischer Störungen im Kindes- und Jugendalter ... 41
  Beschreibung depressiver Störungen 43
  Diagnosen depressiver Störungen 45
  Weitere Diagnosen 47
  Diagnostik – Der Weg zur Diagnose und zur richtigen Hilfe 50
    Wer ist der richtige Ansprechpartner? 51
    Wie verläuft die Diagnostik? 52

Verbreitung, Verlauf und Folgen von Depressionen 59
  Häufigkeit von Depressionen 59
  Werden Depressionen häufiger? 60
  Unterschiede bei Mädchen und Jungen 60
  Verlauf, Begleiterscheinungen und Folgen depressiver Störungen ... 61
  Depressionen und andere psychische Störungen 62
    Ängste und Angststörungen 63
    Essstörungen 65
    Störungen des Sozialverhaltens 66
    Aufmerksamkeitsstörungen und Hyperaktivität 66
    Missbrauch von Alkohol und Drogen 67
    Suizidneigung 68

Warum werden Kinder und Jugendliche depressiv? Risiken und Erklärungen 71
  Was Kinder belastet und was Kinder stark macht 72
  Das Zusammenspiel von psychischer Entwicklung, Lebensumfeld und Körper 73
  Risiken für Depressionen im Kindes- und Jugendalter 73
  Körperliche Faktoren 74
    Können Kinder Depressionen erben? 74
    Signale im Gehirn 75
    Der Hormonhaushalt 76
    Aufbau des Gehirns 76
    Chronische körperliche Erkrankungen 77
    Nebenwirkungen von Medikamenten 77
    Schlaf und Ernährung 77
  Die Pubertät und das Jugendalter 78
  Familiäre Faktoren 79
    Trennung und Scheidung 80
    Wenn ein Elternteil psychisch krank ist 84

Erziehung und Bindungsangebot 86
Verlust und Trauer 87
Soziale Benachteiligung: Geld, Wohnraum und Bildung 88
Eine Welt, die sich verändert 89
Kinder brauchen Freunde 91
Schule 92
Einschneidende Erlebnisse und Stress 93
Persönlichkeit und Eigenarten 94
Überzeugungen und Bewertungen: Ist das Glas halb voll
oder halb leer? 94
Gefühle ausbalancieren und Probleme lösen 97
Mit anderen auskommen: soziale Fertigkeiten 98
Langeweile, Medien und andere Gewohnheiten 100
Warum neigen Mädchen eher zu Depressionen als Jungen? 101
Sichtweisen und Theorien zur Erklärung der Depression 103

Hilfe und Unterstützung: Depressionen sind gut behandelbar 107
Vorüberlegungen: Die richtige Hilfe 107
Was können Eltern tun? 108
Stimmungsprobleme verstehen und ernst nehmen 111
Als Eltern zusammenarbeiten 113
Probleme ernst nehmen, Gefühle *wahr*-nehmen 114
Zu viel Stress und äußere Belastungen abbauen 116
Zuneigung, Interesse und positive Aufmerksamkeit 117
Struktur, Rituale und Regeln 120
Aktivitäten und Kontakte fördern 122
Ein realistische und optimistische Sichtweise fördern 124
Probleme schrittweise angehen und realistische Ziele setzen ... 125
Möglichkeiten und Grenzen elterlicher Unterstützung 126
Wie finden Eltern die richtigen Hilfen? 128
Psychotherapie 128
Ablauf einer psychotherapeutischen Behandlung 129
Inhalte der Therapie 130
Stationäre Behandlung 131
Medikamentöse Behandlung 134
Erziehungsberatung 136
Jugendhilfe und Hilfen in der Erziehung 136
Hilfe im Notfall und bei Krisen 137
Hilfe in der Schule 138

Wie wird mein Kind wieder glücklich?

Hilfreiche Adressen und Kontakte 143
Verwendete und weiterführende Literatur 145
Sachwortregister 147
Die Autoren 155

Vorwort zur zweiten Auflage

Depressionen sind heute eines der wichtigsten Gesundheitsprobleme überhaupt. Auch die zweite Auflage unseres Ratgebers zeigt die anhaltende Bedeutung des Themas und das Interesse an Informationen seitens der Betroffenen und ihrer Angehörigen. Seit der Erstauflage unseres Buches vor mittlerweile acht Jahren hat die allgemeine gesellschaftliche Anerkennung der Depression als ernst zu nehmende seelische Erkrankung weiter zugenommen. Auch Fachkräfte in verschiedenen beruflichen Bereichen, wie der haus- und kinderärztlichen Versorgung, der betrieblichen Gesundheitsvorsorge oder der Pädagogik, sind heute stärker sensibilisiert für das Thema. Beides unterstützt die Betroffenen und ihre Familien, sich eher Hilfe zu suchen. Eine in den letzten Jahren wachsende Zahl diagnostizierter Depressionen und entsprechender Behandlungen, aber auch mehr Krankschreibungen und Frühverrentungen sind durch Daten der Krankenkassen gut dokumentiert. Dies ist eher Ausdruck einer wachsenden Akzeptanz depressiver Störungsbilder als einer tatsächlichen Zunahme der Störung. Immer mehr professionelle Angebote und auch Möglichkeiten der Selbsthilfe haben sich etabliert (siehe auch www.deutsche-depressionshilfe.de). Trotzdem sind Menschen, die an einer Depression erkrankt sind, oft noch Stigmatisierung, Unverständnis und Vorwürfen ausgesetzt, was sie darin hemmt, Hilfe zu suchen und zu erhalten.

Auch die Tatsache, dass Kinder und vor allem Jugendliche unter schweren Stimmungsproblemen und depressiven Entwicklungen leiden können, wird heute ernster genommen. Depressionen im Erwachsenenalter haben in vielen Fällen ihren Ursprung im Kindes- und Jugendalter. Die betroffenen jungen Menschen sind in vielerlei Hinsicht in ihrem Alltag beeinträchtigt und in ihrer Entwicklung gefährdet.

Neben anderen Risiken müssen auch gesellschaftliche Entwicklungen im Auge behalten werden. Hierzu gehören mögliche Belastungen für Kinder und Jugendliche durch wachsende schulische Anforderungen und zunehmende gesellschaftliche Erwartungen, eine Vielfalt von Lebensentwürfen und eine erschwerte Orientierung, einen allgegenwärtigen Medienkonsum und nicht zuletzt durch Armut, soziale Benachteiligung und Ausgrenzung. Hier sind Maßnahmen zur Vorbeugung psychischer Störungen bzw. zur Stärkung der allgemeinen psychischen Gesundheit junger Menschen von großer Bedeutung.

Von ernsten Stimmungsproblemen und Depressionen betroffene Kinder und Jugendliche sind auf Unterstützung durch ihr soziales Umfeld und oft auch auf professionelle Hilfe angewiesen. Für Eltern sind der tägliche Umgang mit ihren psychisch belasteten Kindern und auch die Suche nach der richtigen Hilfe oft nicht einfach. Unser Buch richtet sich daher vor allem an Eltern und andere Familienangehörige, aber auch an interessierte Berufsgruppen, die im Alltag junge Menschen begleiten, ausbilden, beraten oder betreuen.

In den letzten Jahren haben zahlreiche Forschungsbemühungen und internationale Studien unser Wissen zu Depressionen im Kindes- und Jugendalter bereichert. Viele Befunde stützen und belegen vor allem bisherige Annahmen, etwa zur Entstehung von Depressionen oder zur Wirksamkeit bestimmter Hilfen. In der hier vorliegenden zweiten Auflage unseres Ratgebers haben wir dementsprechend nur an den Stellen, wo es nötig war, Informationen aktualisiert. Vor allem haben wir versucht, die Sprache und Ansprache im Text noch verständlicher zu verfassen, sodass die Inhalte noch besser genutzt werden können.

Wir bedanken uns herzlich beim Hogrefe Verlag und Frau Dr. Susanne Lauri, der Programmleiterin Psychologie, für die vertrauensvolle Begleitung bei der Entstehung dieser Neuauflage. Wir hoffen, dass unser Buch wieder viele interessierte Leserinnen und Leser erreicht. Wir wünschen uns, dass diese sich in ihrer besonderen Herausforderung, einen psychisch belasteten Angehörigen im Alltag zu begleiten, verstanden fühlen und Unterstützung finden.

Hamburg und Bremen, im März 2019
Gunter Groen & Franz Petermann

Einleitung

Wenn Sie dieses Buch zur Hand genommen haben, sorgen Sie sich sehr wahrscheinlich um die psychische Gesundheit Ihres Kindes oder eines anderen Menschen in Ihrem nahen Umfeld. Sie suchen nach Informationen und Antworten auf Fragen, die ein wichtiges Thema betreffen: Depressionen. Gerade für Angehörige ist es schwer zu verstehen, was die Depression eines Familienangehörigen ausmacht und warum sie überhaupt entstanden ist. Viele Eltern trifft die psychische Erkrankung eines Kindes unvorbereitet. Viele fragen sich: Warum haben wir nicht schon früher etwas bemerkt oder was hätten wir anders machen können? Bei der Frage nach dem Warum schwingen oft Schuld- und Schamgefühle mit. Es ist schwer einzuschätzen, wie Sie als Angehöriger das betroffene Kind „richtig" unterstützen können und welche Formen professioneller Hilfe es gibt. Und Sie fragen sich sicher auch: Wie entwickeln sich mein Kind und seine Stimmungsprobleme weiter, welche Risiken gibt es, wie viel Hoffnung kann ich mir machen?

Das Thema Depression ist mitten in der Gesellschaft angekommen und in den vergangenen Jahren immer stärker in die öffentliche Wahrnehmung gerückt. Waren depressive Störungen und andere psychische Störungen früher lange ein Tabuthema, wird heute offener darüber gesprochen. Es ist mittlerweile gut bekannt, dass Depressionen jeden treffen können. Menschen jeden Alters und jeder Herkunft können krank vor Traurigkeit und Niedergeschlagenheit sein. Die Stimmung kann so schlecht und der Antrieb so gering sein, dass sich Menschen in ihrem Leben nicht mehr zurechtfinden und sich im Alltag überfordert fühlen – auch Kinder und Jugendliche.

Immer mehr Forschungsergebnisse zeigen, dass Depressionen ein weit verbreitetes und ernst zu nehmendes Gesundheitsproblem darstellen. Aufklärungskampagnen sowie eine weitere große Zahl von Fachpublikationen und Presseberichten haben das Thema stärker in das Bewusstsein gebracht. Nicht zuletzt tragen viele betroffene Menschen, darunter auch Prominente, zu einer stärkeren Wahrnehmung der Problematik bei, indem sie ihre eigene Depression offen einräumen und sich für eine stärkere öffentliche Anerkennung dieser psychischen Störung einsetzen.

Die Weltgesundheitsorganisation WHO zählt Depressionen zu den größten Gesundheitsproblemen überhaupt. Keine andere Krankheit raubt den Menschen insgesamt mehr Lebensqualität und Teilhabe. Allein für Deutschland wird angenommen, dass etwa fünf Prozent der Bevölkerung – das sind gut vier Millionen Menschen – unter Depressionen leiden. Traurigkeit und Lustlosigkeit beeinträchtigen die Betroffenen in ihrem alltäglichen Leben oft erheblich. Anforderungen in Schule und Beruf können zu unüberwindbaren Hürden werden, selbst Freunde zu treffen und andere Freizeitaktivitäten und Hobbys werden als große Anstrengung erlebt. Einige Menschen können depressive Phasen nach einer gewissen Zeit bewältigen, ohne dass größere Probleme und Einschränkungen zurückbleiben. Bei anderen treten wiederholt depressive Phasen auf und werden zu einer dauerhaften und chronischen Belastung. Depressionen sind mittlerweile einer der häufigsten Gründe für Frühberentungen und Krankschreibungen. Neben dem oft großen persönlichen Leid entstehen durch Behandlungen, Leistungsausfälle und soziale Zuwendungen hohe Kosten für die Gesellschaft.

In vielen Fällen haben Depressionen ihren Ausgangspunkt im Kindes- und Jugendalter. Es ist heute eine sichere Erkenntnis, dass auch Kinder und Jugendliche nachhaltig unter anhaltenden Stimmungsproblemen und Lustlosigkeit leiden und genau wie Erwachsene depressive Störungen ausbilden können. Immer mehr klinische Erfahrungen bei der Diagnostik und Behandlung kindlicher Depressionen und eine stark zunehmende Zahl wissenschaftlicher Ergebnisse haben unser Wissen zu diesem Thema allerdings deutlich erweitert. Den meisten Betroffenen kann gut geholfen werden.

Kinder und insbesondere Jugendliche haben es heute nicht immer leicht. Sie sind konfrontiert mit Stress und Leistungsanforderungen und einem hohen Druck, ihr Leben erfolgreich zu meistern. Immer mehr vermeintliche Möglichkeiten, Ideale und Lebensentwürfe, immer häufiger auch medial vermittelt, können zu einer Last werden und Versagensängste auslösen. Die „normalen" Anforderungen des Älterwerdens, Stress mit Gleichaltrigen und in der Familie und andere Belastungen, wie Trennungen und Verluste, können zu einem Teufelskreis von Sorgen, Rückzug und Traurigkeit werden.

Besonders Sie als Eltern, aber auch andere Bezugspersonen von Kindern und Jugendlichen mit psychischen Schwierigkeiten haben es nicht einfach. Es ist schwer für Sie einzuschätzen, wie ernst die Schwierigkeiten Ihres Kindes sind und wann eher „normale" Stimmungsprobleme, die zum Leben dazu gehören, zu ernst zu nehmenden psychischen Störungen werden. Wie können Sie erkennen, ob Ihr Kind depressiv ist und wann professionelle Hilfe notwendig ist? Auch der alltägliche Umgang mit Kindern und Jugendlichen, die unter depressiven Symptomen leiden, ist oft eine besondere Herausforderung und Belastung für die ganze Familie. Welche Unterstützung gibt es im Alltag, wie können Sie als Erwachsene mit traurigen, niedergeschlagenen und antriebslosen Kindern und Jugendlichen umgehen, wie können Sie ihnen helfen, ihre Depressivität zu überwinden? Und woher kommt die Depression überhaupt?

Auf all diese Fragen versuchen wir in diesem Buch fundierte, aber verständliche und hilfreiche Antworten zu geben. Für ein besseres Verständnis depressiver Symptome gehen wir zunächst auf die allgemeine Bedeutung von Gefühlen und die emotionale Entwicklung von Kindern und Jugendlichen ein. Anschließend beschreiben wir, was eine Depression genau ist, welche Kennzeichen, Kriterien und Symptome sowie Diagnosen und Erscheinungsformen es gibt. In weiteren Teilen des Buches möchten wir ausführen, wie häufig Depressionen in der Kindheit und Jugend auftreten, welche Auswirkungen sie für die Betroffenen haben und wie sie festgestellt und diagnostiziert werden können. Genauer wird im weiteren Verlauf auf die möglichen Risiken, Ursachen und Erklärungen von Depressionen bei Kindern und Jugendlichen eingegangen. Im letzten Teil beschäftigen wir uns intensiver mit möglichen Hilfen im Alltag und den verschiedenen Formen professioneller Unterstützung. Auch wenn Depressionen in vielen Fällen zu Leid und Beeinträchtigungen für die ganze Familie führen, können wir Ihnen jetzt schon sagen, dass es gute Möglichkeiten gibt, die Probleme in den Griff zu bekommen und zu bewältigen.

Beginnen möchten wir zunächst mit einigen kurzen Fallbeispielen von depressiven Kindern und Jugendlichen aus unserer praktischen Arbeit. Sie sollen die typischen Probleme von Betroffenen veranschaulichen und die Anzeichen und Hintergründe von Depressionen im Kindes- und Jugendalter nachvollziehbarer machen.

Fallbeispiele: Die vielen Gesichter der Depression

Jennifer, 16 Jahre

Keiner versteht mich

Die 16-jährige Jennifer ist dunkel gekleidet, als sie mit ihrer Mutter zum Erstgespräch in die psychotherapeutische Praxis kommt. Sie wirkt wie eine „normale" Jugendliche, die sich mit ihrer Mutter gut versteht. Den Therapeuten begrüßt sie freundlich. Als Jennifer zu erzählen beginnt, wird jedoch schnell deutlich, dass sie ziemlich verzweifelt ist. In den letzten drei Wochen ist sie nicht zur Schule gegangen. Erst ist sie fast jeden Tag früher von der Schule nach Hause gekommen, schließlich ist sie morgens gar nicht mehr aus dem Haus gegangen. Jennifer fühlt sich nach eigener Aussage „zu schlapp und müde". Sie hat Angst, dass ihre Mitschüler über sie lästern, und kann sich in der Schule kaum noch konzentrieren. Jennifer traut sich kaum noch etwas zu und hat Angst, das Falsche zu sagen und bei Klassenarbeiten zu versagen. Morgens fühlt sie sich energielos und klagt oft über Kopfschmerzen. Sie sagt, sie fühle sich einsam und alleingelassen und von keinem Menschen richtig verstanden. Keiner könne wirklich nachvollziehen, wie schlecht es ihr geht.

Ihre Eltern wissen nicht mehr, was sie tun sollen und wie sie es Jennifer recht machen können. Mal versuchen sie, besonders verständnisvoll zu sein, mal versuchen sie, ihre Tochter etwas strenger zu ihren Pflichten anzuhalten. Jennifer fühlt sich dann so oder so von ihren Eltern missverstanden und ist oft verletzt. Häufig reagiert sie gereizt und ärgerlich, macht ihren Eltern Vorwürfe, beginnt zu weinen und zieht sich mit einem lauten Türenschlagen in ihr Zimmer zurück. Zweimal hat sie sich in einer solchen Situation sogar mit einer Rasierklinge am Unterarm verletzt. Sie trifft sich kaum noch mit ihren Freundinnen und hat sich mit einigen gestritten. Auch zum Handball geht sie nur noch selten. Nur mit ihrem Freund verbringt sie noch recht viel Zeit. Ab und zu würden sie gemeinsam kiffen, was ihr helfe abzuschalten. Oft fragt sich Jennifer, wie ihre Zukunft wohl aussieht und was andere von ihr denken. Besonders abends grübelt sie und braucht manchmal zwei Stunden, bis sie einschläft. Sie berichtet, sie habe sich immer mehr „von Traurigkeit erfüllt" gefühlt, jetzt fühle sie sich oft „nur noch leer". Manchmal frage sie sich, ob es nicht besser wäre, wenn sie gar nicht mehr leben würde.

Jennifer lebt zusammen mit beiden Elternteilen und ihrem 13-jährigen Bruder. Sie ist oft neidisch auf ihren Bruder, der immer fröhlich zu sein scheint. Ihm gelinge fast alles gut, er gewinnt Leichtathletik-Wettkämpfe und bringt gute Noten nach Hause. Jennifer denkt oft, ihre Eltern hätten ihn lieber und sie falle der Familie nur zur Last. Als sie geboren wurde, hat ihre Mutter noch studiert, ihr Vater hat nach seiner Ausbildung viel gearbeitet. Ihre Mutter sagt heute, sie habe vielleicht manchmal zu wenig Zeit für Jennifer gehabt und möglicherweise zu oft an sich gedacht. Erst mit der Geburt des Bruders hätten sie wie eine Familie zusammengelebt und mehr Zeit für die Kinder gehabt. Jennifer hat schon früh sehr selbstständig gewirkt, sie hat eigentlich schon immer gewusst, was sie will, und vieles mit sich selbst ausgemacht.

In der Grundschule hat Jennifer das Lernen meistens Spaß gemacht. Sie hatte Freundinnen und Hobbys. Als sie auf das Gymnasium wechselte, kam sie fast zeitgleich und bereits ziemlich früh in die Pubertät. Jennifer fühlte sich immer weniger wohl in ihrer eigenen Haut. Durch kleinere Bemerkungen oder Kritik fühlte sie sich zunehmend schnell verunsichert oder gekränkt. Den Anforderungen auf dem Gymnasium fühlte sie sich kaum noch gewachsen und musste schließlich die achte Klasse wiederholen. In der neuen Klasse empfand sie die anderen Schüler kleinkindhaft und albern; sie fand keinen Anschluss mehr. Auch mit ihren alten Freundinnen gab es immer häufiger Streit. Jennifer zweifelte immer mehr an sich und ihrem Leben. Schließlich zog sie sich immer mehr zurück und die Traurigkeit wurde immer stärker.

Marc, 15 Jahre

Das Gefühl, allein auf der Welt zu sein

Der 15-jährige Marc stellt sich in Begleitung seines Vaters zur Therapie vor. Marc wirkt gereizt, dabei traurig und bedrückt. Marc und sein Vater berichten, dass sie sich „immer weniger leiden" können und oft streiten. Marc fühlt sich von seinem Vater häufig sehr verletzt und alleingelassen. In letzter Zeit wurde Marc immer lustloser und trauriger. Oft ist er müde und hängt im Zimmer herum. Er klagt oft über Bauchschmerzen. Im letzten Jahr hatte er Gedanken, sich das Leben nehmen zu wollen, auch heute fehlt ihm oft noch der „richtige Lebenswille".

Marc lebt allein mit seinem Vater, der als Krankenpfleger im Schichtdienst arbeitet. Seine Mutter hat mit seinem Vater ein Verhältnis gehabt, als sie noch mit einem anderen Mann verheiratet gewesen ist. Marcs Eltern haben nie zusammengelebt und sind auch nur kurz zusammen gewesen. Zur Schwangerschaft sei es ungewollt gekommen. Marc hat nach seiner Geburt fast ein Jahr bei seiner Mutter gelebt, die sich damals zunächst von ihrem Ehemann getrennt hatte, dann aber doch zu ihm zurückgekehrt ist. Auch weil der Ehemann der Mutter das zur Bedingung gemacht habe, sei Marc zu seinem Vater gekommen. Der Vater habe der Mutter dies nie verziehen.

Seit Marc im Grundschulalter war, meldete sich die Mutter meist nur noch zu Weihnachten und an seinem Geburtstag. Marcs Vater lernte ebenfalls eine neue Frau kennen, mit der er und Marc etwa acht Jahre zusammenlebten und mit der Marc sich gut verstand. Sie zog jedoch aus, als Marc elf Jahre alt war. Das Verhältnis zwischen Marc und seinem Vater hat sich seitdem deutlich verschlechtert. Auch Marcs Vater ist es lange Zeit psychisch nicht gut gegangen, bis heute fühlt er sich zeitweise selbst leer und erschöpft.

Marc fühlt sich von seinem Vater abgelehnt. Er habe sich schon immer wenig um ihn gekümmert und ihn gewähren lassen. Marc musste schon früh sehr selbstständig sein. Wenn es ihm schlecht ging, hat er versucht, allein klarzukommen. Sein Vater hat immer gedacht, Marc schaffe das. Die Familie hat Schulden und wenig Geld, Marcs Vater fühlt sich durch seine Arbeit und eigene Stimmungsprobleme belastet. Er macht Marc manchmal Vorwürfe und lässt ihn spüren, dass er nur wegen ihm so viel arbeiten muss. Der Vater denkt, dass Marc ihm vorwirft, dass er ohne Mutter aufwächst. Marc und sein Vater geraten über alltägliche Dinge schnell in Streit, oft gehen sie sich dann aus dem Weg.

In der Schule – er besucht die zehnte Klasse einer Gesamtschule – engagiert sich Marc sehr und erzielt gute Leistungen, auch wenn ihm das seit einiger Zeit immer schwererfällt. Wegen seiner Bauchschmerzen sowie der zunehmenden Traurigkeit und Antriebslosigkeit hatte er zuletzt einige Fehltage. Als vor zwei Monaten wieder einmal ein Streit zwischen Marc und seinem Vater eskaliert ist, wollte der Vater Marc vor die Tür setzen. Marc hat damals für zwei Wochen bei einem Freund gewohnt. Dort ist er vor Traurigkeit und Erschöpfung zusammengebrochen. Auch mit Unterstützung der Eltern seines Freundes haben Marc und sein Vater sich dann um therapeutische Hilfe gekümmert.

Laura, 15 Jahre

Für andere da sein

Die 15-jährige Laura wirkt sehr vernünftig, nachdenklich und etwas älter, als sie ist. Sie kommt mit ihrer Mutter zur Beratung. Laura erzählt, sie zweifle an ihrer Person und sehe ihre Schwächen zu sehr. Sie fühle sich „traurig und unzufrieden" und möchte an manchen Tagen „nicht mehr leben". Anderen Menschen gegenüber erlebt sie sich oft als unzureichend und minderwertig. Sie berichtet, dass sie nur selten das sagt, was sie möchte, und sich zu wenig traut, für ihre Ziele einzustehen. Gerade im Umgang mit Freunden habe sie Angst, etwas Falsches zu sagen und sich zu blamieren. Laura ist es schwergefallen, die Trennung ihrer Eltern zu bewältigen, danach sei ihr „Selbstbewusstsein geschrumpft". Laura sagt, sie sei nicht sehr gesprächig und „fresse" viel in sich hinein. Sie könne abends schlecht einschlafen und grüble viel über das, was sie am Tag nicht geschafft habe.

Laura sei ein pflegeleichtes Kind gewesen. Mit zweieinhalb Jahren ist sie in den Kindergarten gekommen, wo sie unauffällig und gut integriert gewesen ist. Nach vier Jahren Grundschule wechselte Laura in eine Gesamtschule, wo sie jetzt die neunte Klasse besucht und eine sehr gute Schülerin ist. Lauras Eltern haben sich vor fünf Jahren getrennt. Lauras sechs- und achtjährige Brüder wohnen zusammen mit ihr und der Mutter. Ihren Vater besucht Laura ein- bis zweimal im Monat mit ihren Brüdern. Die Eltern versuchen sich in der Erziehung ihrer Kinder weiter abzusprechen, geraten dabei aber schnell in Diskussionen.

Die Mutter mutet Laura viel Verantwortung für ihre beiden Brüder zu. Ein Bruder hat große Probleme in der Schule und muss gerade die erste Klasse wiederholen. Er kann sich schlecht konzentrieren, ist vorlaut und schnell trotzig. Auch zu Hause ist die Mutter in seiner Erziehung besonders gefordert. Seit der Trennung der Eltern ist Laura für ihre Mutter eine wichtige Ansprechpartnerin und Unterstützung. Sie hilft ihrer Mutter im Haushalt und hört sich ihre Probleme an. Lauras Vater ist seit zwei Jahren in psychotherapeutischer Behandlung, weil er sehr grüblerisch sei. Der Großvater und ein Cousin mütterlicherseits haben Suizid begangen. Laura hat sich in der fünften Klasse nach der Trennung ihrer Eltern von einigen Klassenkameradinnen gemobbt gefühlt. Anschließend ist sie noch lange eher für sich gewesen.

Die Mutter erzählt, dass Laura schon immer eher ruhig und ernst, außerdem vernünftig und verantwortungsbewusst gewesen sei. Im vergangenen Jahr sei sie zunehmend trauriger geworden und habe sich immer mehr zurückgezogen.

Jonas, 10 Jahre

Bloß nicht zeigen, wie traurig ich bin

Jonas wird von seinen Eltern als sehr begabt beschrieben. In der Grundschule hatte er ein Jahr übersprungen; auch jetzt auf dem Gymnasium arbeitet er gewissenhaft, ordentlich und ausdauernd. Seit mehreren Monaten wirke er aber immer verschlossener und bedrückt und weine oft. Die Lehrerin berichtet, dass Jonas Kritik und selbst kleinere Misserfolge nicht mehr so gut vertrage und manchmal schnell Tränen in den Augen habe.

Die Familie hat in der letzten Zeit viel durchmachen müssen. Jonas' Vater hat vor zwei Jahren einen schweren Herzinfarkt erlitten und hat in Lebensgefahr geschwebt. Er war viele Wochen im Krankenhaus und anschließend in einer Reha-Klinik. Auch heute hat er immer noch gesundheitliche Probleme, ist wenig belastbar und berufsunfähig. Aufgrund einer nur geringen Rente des Vaters ist die Familie in finanzielle Schwierigkeiten geraten. Die Mutter muss Vollzeit als Krankenpflegerin arbeiten, der Vater kann ihr bei der Bewältigung des Haushaltes und bei der Versorgung von Jonas und seiner zwei Jahre jüngeren Schwester nur wenig helfen. Vor zehn Monaten ist die Großmutter mütterlicherseits verstorben.

Im Gespräch ist Jonas freundlich und höflich. Er kann sich sprachlich gut ausdrücken. Jonas beantwortet alle Fragen, doch ihm ist anzumerken, wie angespannt und traurig er ist. Als seine Eltern erzählen, wie sehr er seine verstorbene Oma gemocht hat, beginnt er zu weinen. Die Eltern berichten, Jonas sei bereits als Kleinkind eher zurückhaltend, ruhig und nachdenklich gewesen. Er sei aber bei Gleichaltrigen immer beliebt gewesen und habe einige Hobbys.

Die Eltern erzählen, dass ihnen erst vor Kurzem richtig bewusst geworden sei, wie sehr Jonas durch die gesundheitlichen Probleme seines Vaters, die Sorgen seiner Mutter und den Tod seiner Großmutter belastet ist. Jonas' Sorgen und seine Traurigkeit wären ihnen nicht aufgefallen. Sie hätten wohl auch nicht immer genug auf die Kinder geachtet und seien mit ihren eigenen Sorgen beschäftigt gewesen. Jonas habe sich angestrengt, seinen Eltern nicht noch zusätzlich zur Last zu fallen, und versucht, seinen Kummer mit sich auszumachen. Nur nachts sei Jonas wieder oft zu seinen Eltern ins Bett gekommen, morgens habe er häufiger über Bauchweh geklagt. Auch gegessen habe er immer weniger. Als er in den vergangenen Wochen nicht einmal mehr zum Fußballtraining gehen wollte und abends einige Male lange geweint habe, haben sich seine Eltern entschieden, sich um Hilfe zu kümmern.

Timo, 14 Jahre

Ich traue mich nicht

Der etwas übergewichtige, jünger wirkende 14-jährige Timo besucht die achte Klasse einer Gesamtschule. Morgens vor der Schule klagt er immer häufiger über Übelkeit und Schwindel. Er möchte nicht in den Unterricht. Ihm ist es sichtlich peinlich zu erzählen, dass er Angst hat, von der Lehrerin aufgerufen zu werden. Er werde dann schnell rot und bekomme oft keinen Ton heraus. Wenn die anderen lachen, schäme er sich sehr. Timo erzählt auch, dass es zwei seiner Mitschüler auf ihn abgesehen hätten. Sie beschimpften ihn als „Speckbaby" und hätten schon einige Male seine Sachen versteckt. Die anderen Jungs in der Klasse sähen alle schon älter aus als er, er hasse es, der Kleinste zu sein.

Timo hat einen Klassenkameraden, mit dem er sich zumindest in der Schule ganz gut versteht. Nachmittags trifft er sich ab und zu mit seinem zwei Jahre jüngeren Cousin und dessen Freund. Oft spielt er am Computer, sieht fern oder surft im Internet. Richtige, enge Freunde hat er nicht.

Timo war nach Auskunft seiner Eltern immer schon ein sehr anhängliches Kind. Der Übergang in den Kindergarten mit vier Jahren war schwierig, die Mutter musste in den ersten Monaten oft mit ihm im Kindergarten bleiben, da Timo sonst geweint hat. In der Grundschule hatte Timo Freunde, ist im Unterricht aber meist ruhig und abwartend gewesen. Seine Eltern berichten, dass Timo auch sonst immer sehr vorsichtig gewesen sei. Allein zu Hause zu bleiben, in einem Geschäft den Verkäufer etwas zu fragen oder neue Kinder kennenzulernen, ist ihm schon immer sehr schwergefallen. Zu Hause bei seinen Eltern habe er sich schon immer am wohlsten gefühlt. Die Eltern hätten Timo immer viel abnehmen müssen. Von einer Klassenfahrt in der vierten Klasse musste der Vater ihn vorzeitig abholen, da Timo zu viel Heimweh hatte.

Nach der Grundschule ist Timo trotz einer Realschulempfehlung zunächst wie seine zwei Jahre ältere Schwester auf das Gymnasium gegangen. Nach schwachen Leistungen und auf dringendes Anraten der Lehrer wechselte Timo dann zu Beginn der siebten Klasse auf die Gesamtschule. Für schwierige Aufgaben, bei denen er sich etwas mehr anstrengen muss, fehlen nach Auskunft seiner Eltern der Mut und der Wille. Auch auf der Gesamtschule sind die Leistungen von Timo nur knapp ausreichend. Er fühlt sich von seinen Lehrern oft ungerecht behandelt und von den Mitschülern abgelehnt. Auf Anforderungen zu Hause reagiere er schnell gereizt, wirke dabei oft verzweifelt. In den vergangenen Monaten habe sich Timo immer stärker zurückgezogen, sei zunehmend trauriger geworden und mache sich viele Sorgen. Es sei zuletzt immer schwieriger geworden, ihn zum Schulbesuch anzuhalten. Auch für andere Aktivitäten könne er sich kaum noch begeistern.

Der Hausarzt der Familie hat für Timos häufigen Schwindel und die Übelkeit keine körperlichen Ursachen gefunden und eine Psychotherapie empfohlen. Die Eltern wünschen ihrem Sohn mehr „Selbstbewusstsein und Erfolgserlebnisse", Timo möchte die ständige Angst und die schlechte Laune loswerden.

Marie, 7 Jahre

Zu viele Sorgen

Marie ist sieben Jahre alt, zierlich und blass. Die besorgte Mutter berichtet, dass Marie in der Schule nicht mit den anderen Kindern spielt und kaum etwas sagt. Wenn die Klassenlehrerin oder andere Kinder sie direkt ansprechen, fängt sie oft an zu weinen und möchte sich verstecken. Auch zu Hause fällt es Marie schwer, sich gegen ihre jüngere Schwester durchzusetzen. Außer ihrer Schwester hat sie kaum Spielkameraden. Marie klammere sich sehr an ihre Mutter, sei oft traurig und lustlos. Die Mutter bemüht sich sehr um sie. Sie hat einige Male andere Kinder nach Hause eingeladen, Marie hat dann aber meist nur in der Ecke gesessen. Ihre Mutter ist mit Marie auch mehrmals zum Turnen gefahren, wo sie ebenfalls nicht mitgemacht, sondern nur geweint hat.

Marie ist als Frühgeburt in der 33. Schwangerschaftswoche auf die Welt gekommen und war zwei Wochen im Brutkasten. Sie hat etwas länger gebraucht, um laufen und sprechen zu lernen. Außerdem hat sie schon früh Asthma bekommen, was anfangs zu einigen schweren Anfällen und Krankenhausaufenthalten geführt hat. Die Eltern haben sich viele Sorgen um ihre Tochter und ihre Entwicklung gemacht. Marie ist mit drei Jahren in den Kindergarten gekommen. Die anderen Kinder hat sie erst lange beobachtet und zunächst nur sehr zögerlich mitgespielt, sich dann aber mit einigen Kindern angefreundet. Die Mutter hat Marie oft nicht in den Kindergarten geschickt, wenn Marie nicht gewollt hat, auch sonst habe sie ihr wohl manchmal zu viel abgenommen.

Die Mutter ist selbstständige Friseurin und hat ihre eigene Mutter früh verloren. Als junge Erwachsene hat sie sehr darunter gelitten, dass ihr damaliger Partner sie zur gleichen Zeit plötzlich und unvorhergesehen verlassen hat. Der Vater arbeitet als Wachmann und hat oft Spät- und Nachtschichten. Die Mutter sagt, er kümmere sich zu wenig um die Kinder, auf der anderen Seite sei er manchmal zu streng mit ihnen. Aus diesem Grund, aber auch wegen anderer Themen, gäbe es oft Meinungsverschiedenheiten und Streit. Kurz nachdem Marie vor fünf Monaten eingeschult wurde, haben die Streitigkeiten der Eltern zugenommen. Ihre manchmal lautstarken Auseinandersetzungen konnten sie nicht immer vor den Kindern verbergen. Zweimal hat der Vater nach einem Streit einige Tage bei einem Freund übernachtet, was Marie sehr beunruhigt hat. Die Eltern fragen sich, ob es besser wäre, sich zu trennen.

Eigentlich hatte Marie sich gefreut, zur Schule zu kommen, und war stolz darauf. Jetzt hat sie kaum noch Freude daran. Auch ihr Lieblingspferd, das auf dem Hof ihrer Großeltern lebt, möchte sie nur noch selten besuchen. Sie hat oft Bauchweh, kommt abends ins Bett der Eltern und muss von ihrer Mutter angehalten werden, mehr zu essen.

Tim, 9 Jahre

Zwischen den Stühlen

Tim kommt mit seiner Mutter in die psychotherapeutische Praxis. Nach der Trennung seiner Eltern sieht er seinen Vater kaum noch. Zu Hause werde er nach Auskunft der Mutter oft „bockig und trotzig", sei schnell beleidigt, schlage mit „dem Kopf gegen die Wand" oder mache seine Sachen kaputt, wenn er sich ärgere. Seit einiger Zeit nässte er nachts wieder mehrmals die Woche ein. Wenn sein älterer Bruder und die Mutter sich streiten, weint er schnell und klagt über Bauchweh. Tim hat viele Freunde, spielt Gitarre und Fußball. Er ist früher eigentlich immer ein unbekümmertes und fröhliches Kind gewesen. Seit einigen Monaten ist er verschlossen und zieht sich oft zurück. Je nach Stimmung isst er wenig und kann abends schlecht einschlafen. Er schaut dann wiederholt nach seiner Mutter und seinem Bruder.

Die Mutter leidet ebenso wie Tim und sein Bruder unter der Trennung von ihrem Mann. In ihrem Job als Versicherungsmaklerin fühlt sie sich in letzter Zeit oft überfordert und ist erschöpft. Vor allem die rechtlichen Auseinandersetzungen mit ihrem Ex-Mann, in denen es vor allem um Geld geht, belasten sie sehr.

Knapp zwei Jahre vor der Trennung hat die Familie ein kleines Einfamilienhaus gebaut, dann ist der Vater aus- und bald darauf mit einer Arbeitskollegin zusammengezogen. Die Mutter ist mit den Kindern in eine Etagenwohnung gezogen. Erst haben Tim und sein Bruder ihren Vater noch regelmäßig jedes zweite Wochenende gesehen. Dann hat es immer öfter Streit zwischen den Eltern und insbesondere auch zwischen der Mutter, den Kindern und der neuen Partnerin des Vaters gegeben. Ebenso hat sich der Streit um finanzielle Aspekte verschärft. Seit diesem Zeitpunkt haben die Mutter und die Kinder kaum noch Kontakt zu ihrem Vater. Er hat sich bei Tim zuletzt nur noch zu dessen Geburtstag gemeldet, Briefe schreibt er ihm häufiger. Die Eltern machen sich gegenseitig Vorwürfe, die Mutter fühlt sich von ihrem Ex-Mann verraten und allein gelassen. Der Vater denkt, dass die Mutter ihn und seine neue Freundin bei den Kindern schlecht macht und einen Keil zwischen ihn und die Kinder getrieben hat.

Pauline, 13 Jahre

Nie gut genug

Pauline wird von beiden Eltern in die Praxis begleitet. Seit fast einem halben Jahr kann sie abends immer schlechter einschlafen, oft ist ihr übel, einige Male hat sie sich auch schon übergeben. Pauline besucht die siebte Klasse einer Gesamtschule mit durchschnittlichen Leistungen. Sie setzt sich in der Schule sehr unter Druck, kann nach den Hausaufgaben kaum abschalten und ist vor allem vor Klassenarbeiten sehr angespannt. Sie führt einen genauen Plan, für welches Fach sie wie lange Hausaufgaben gemacht und gelernt hat und kontrolliert oft ihre Mappen. Für ihre Hobbys fühlt sie sich meistens zu schlapp und ausgelaugt. Mittlerweile bekommt sie sogar schon ein schlechtes Gewissen, wenn sie versucht, sich beim Musikhören zu entspannen. Den Eltern ist in letzter Zeit aufgefallen, dass Pauline kaum noch etwas isst und dünner geworden ist.

Paulines Eltern räumen ein, dass ihnen die schulischen Leistungen ihrer beiden Kinder ziemlich wichtig sind und sie Wert auf gute Noten legen. Vermutlich seien ihre Ansprüche an ihre Kinder auch etwas zu groß gewesen, sie machen sich allerdings Sorgen, dass Pauline später keinen guten Beruf bekommt. Der Vater ist selbstständig und beruflich viel unterwegs. Vor knapp einem Jahr habe er nach einem Burn-out selber eine mehrwöchige Kur machen müssen. Er sei auch von seinen Eltern sehr unter Druck gesetzt worden, etwas zu leisten, stelle das aber mittlerweile infrage. Trotzdem fällt es ihm schwer, kürzerzutreten und seine seltene Freizeit zu genießen.

Avid, 16 Jahre

Der Spott der anderen

Avid kommt auf Anraten der Schulsozialarbeiterin. Er wisse nicht mehr weiter, fühle sich verzweifelt und hilflos. Er komme sich vor wie „der letzte Arsch" und habe keine Lust mehr auf sein Leben. Es kostet ihn enorme Kraft, aus dem Bett aufzustehen oder vom Sofa hochzukommen. Auch wenn er am Wochenende bis mittags schläft, fühlt er sich gerädert. Es fällt ihm schwer, sich auf einen klaren

Gedanken zu konzentrieren, er fühlt sich minderwertig und grübelt viel über sich und sein Leben.

Avid lebt mit seiner Mutter zusammen, sein größerer Bruder ist ausgezogen. Ein- bis zweimal im Monat besucht er seinen Vater. Vor einem Jahr hat er auf einer Party ein Mädchen aus einer Parallelklasse kennengelernt, in das er sich „heftig verliebt" habe. Nach einer kurzen, aber intensiven Beziehung hat sich das Mädchen aber wieder von ihm getrennt. Voller Liebeskummer hat Avid seiner Ex-Freundin viele WhatsApp-Nachrichten und Fotos und Filme, in denen er auch geweint habe, von sich geschickt. Es war dann wohl der Bruder des Mädchens, der diese Fotos und Filme in einigen Chats und auch bei Instagram geteilt hat. Fast jeder auf der Schule hätte sich dann über ihn lustig gemacht, er habe jeden Tag viele „Sprüche gedrückt" bekommen und sich sehr geschämt. Auch seine Ex-Freundin hat ihn vor anderen ausgelacht.

Avid beschreibt, wie er dann in den nächsten Wochen und Monaten gefühlsmäßig „abgestürzt" sei. Er hat sich immer mehr zurückgezogen und anderen gegenüber verschlossen. Mit einem alten Kumpel hat er sich öfter betrunken und Cannabis geraucht. Das habe ihm aber nur kurz „geholfen", stimmungsmäßig sei es immer mehr abwärtsgegangen. In seiner Verzweiflung hat er sich an die Schulsozialarbeiterin gewandt, die ihm eine weitergehende Beratung empfohlen hat.

Die Entwicklung und Bedeutung von Gefühlen

Die Fallbeispiele zeigen, dass eine Depression bei Kindern und Jugendlichen viele Gesichter und Geschichten haben kann. Im Vordergrund stehen in der Regel eine tieftraurige Stimmung und Selbstwertzweifel, fehlender Antrieb und eine ausgeprägte Lustlosigkeit. Gerade bei Jugendlichen gehören vorübergehende Stimmungsschwankungen, Phasen von schlechter Laune und auch Probleme mit der eigenen Person zur Entwicklung dazu. Eine Depression ist aber mehr als ein vorübergehendes Stimmungstief: Die Symptome dauern länger an, beeinträchtigen oft die ganze Person in ihrem Erleben und Verhalten und machen einfache Aufgaben des Alltags zu großen Hürden.

Bevor wir das Erscheinungsbild der Depression sowie unterschiedliche Formen und Diagnosen genauer darstellen, möchten wir zunächst Gefühle etwas allgemeiner betrachten. Bei einer Depression ist vor allem die Stimmung, die Gefühlswelt einer Person belastet. Traurigkeit, oft auch Gereiztheit und ein Gefühl der Leere und Niedergeschlagenheit dominieren. Um die Entwicklung von Depressionen bei Kindern und Jugendlichen besser nachzuvollziehen, ist es hilfreich, zunächst die allgemeinen Grundzüge der emotionalen Entwicklung und die emotionalen Grundbedürfnisse von Kindern und Jugendlichen genauer zu betrachten. Wozu braucht der Mensch Gefühle? Wie entwickeln sich Gefühle bei Kindern und Jugendlichen und wie lernen sie mit ihnen umzugehen? Was sind die grundlegenden Voraussetzungen für emotionale Stabilität und Zufriedenheit von Kindern und Jugendlichen und eine gesunde psychische Entwicklung?

Wozu braucht der Mensch Gefühle?

Gefühle (Emotionen) sind umfassende und vielschichtige Empfindungen. Sie haben eine große Bedeutung für den Menschen und übernehmen wichtige Funktionen. Gefühle haben sich im Rahmen der Menschheitsgeschichte, der Evolution, herausgebildet und verfeinert. Sie sind prinzipiell verlässliche Impulsgeber, die zum Überleben und zum Miteinander der Menschen beigetragen haben. Dementsprechend haben Gefühle ihren Ausgangspunkt in entwicklungsgeschichtlich älteren Bereichen des Gehirns und beruhen bis heute zu einem großen Teil auf angeborenen Funktionen des Gehirns. Der persönliche Ausdruck von Gefühlen und ihre Regulation bilden sich im Wesentlichen in der Kindheit und Jugend aus und werden, neben dem Temperament, insbesondere durch enge Bezugspersonen geprägt. Gefühle stehen in einem engen Zusammenhang mit den Gedanken (Kognitionen) sowie den körperlichen Empfindungen bzw. der physiologischen Erregung eines Menschen. Im Wechselspiel mit Gedanken und körperlichen Empfindungen stellen Gefühle Reaktionen auf äußere und innere Anlässe dar und beeinflussen unser Erleben und Verhalten wesentlich:

- Gefühle helfen uns, unsere Bedürfnisse zu verfolgen.
- Sie beeinflussen unsere Aufmerksamkeit und die Bereitschaft und Motivation, bestimmte Dinge zu tun oder nicht zu tun.
- Gefühle sind eine zentrale Orientierung für unser Denken, beeinflussen, wie ein Mensch etwas bewertet und sich entscheidet.
- Gefühle sind ein wichtiges soziales Signal und Teil der Kommunikation mit unseren Mitmenschen. Über den Gesichtsausdruck und den Ausdruck der Stimme zeigt ein Mensch anderen, wie es ihm geht. Insbesondere (Klein-) Kinder zeigen ihre (körperlich und seelisch überlebensnotwendigen) Bedürfnisse vorrangig durch ihre Gefühle.

Auch das Gefühl Traurigkeit vermittelt verschiedene Signale für den betroffenen Menschen und seine Umwelt. Bereits Säuglinge weinen und schreien (als angeborenes Verhaltenssystem), wenn sie Nähe, Bindung und Fürsorge brauchen.
In der weiteren Entwicklung kann Traurigkeit verschiedene weitere Funktionen haben: Traurigkeit kann anzeigen, wenn eine Belastung oder Anforderung zu groß geworden ist, um im üblichen Lebensrhythmus weiterzumachen. Dies kann der Fall sein, wenn eine nahestehende Person gestorben ist oder eine Trennung von einem geliebten Menschen stattgefunden hat. Wenn Stress und Ansprüche in Schule oder Beruf die eigentlichen Möglichkeiten auf Dauer übersteigen. Wenn eigene Bedürfnisse, Interessen und Wünsche zu kurz kommen. Wenn grundlegende eigene Anliegen nicht richtig geklärt sind, nicht befriedigt werden und auf der Strecke bleiben. Traurigkeit fordert dann eine Pause, eine Auszeit und eine Unterbrechung, sie fordert auf, Kraft zu schöpfen, etwas zu verarbeiten, neu zu sortieren oder Dinge im Leben zu verändern. Traurigkeit kann einem Menschen dabei helfen, Ereignisse und Umstände besser einzuschätzen und zu bewerten, sich für oder gegen etwas zu entscheiden und auf „seinen

Bauch" zu hören. Nicht zuletzt signalisiert Traurigkeit unseren Mitmenschen auch über das ganze Leben: „Ich wünsche mir Aufmerksamkeit und Zuwendung!", „Ich benötige Hilfe und Trost!" oder „Ich brauche gerade etwas Ruhe und Zeit für mich!" Traurigkeit ist also zunächst ein prinzipiell hilfreiches Gefühl, das für Kinder und Jugendliche wichtige Funktionen übernimmt. Es ist sinnvoll, auch bei der Betrachtung von Depressionen diese ursprüngliche Bedeutung zu berücksichtigen. Auch wenn im Rahmen einer Depression Symptome wie Traurigkeit und Verzweiflung Teil einer Krankheit werden können und in ihrem Ausmaß nicht mehr „normal" sind und ihre eigentliche Aufgabe nicht mehr erfüllen, kann die grundsätzliche Bedeutung von Gefühlen zum Verständnis der Störung beitragen.

Wie entwickeln sich Gefühle bei Kindern?

Kinder sind bereits fähig, alle wesentlichen Gefühle zu empfinden, wenn sie zur Welt kommen. Des Weiteren bringt jedes Kind ein eigenes Temperament mit. Genetisch und durch vorgeburtliche Erfahrungen geprägt, ist das Temperament die typische, ganz persönliche Art eines Kindes, sich zu verhalten und zu reagieren. Das Temperament umfasst auch die Art und Weise, wie und in welchem Ausmaß Gefühle erlebt, verarbeitet und zum Ausdruck gebracht werden. Wie groß die Unterschiede im Temperament selbst von Geschwistern sein können, wissen Sie möglicherweise besonders gut, wenn Sie mehrere Kinder haben.

Angeborene, temperamentsbedingte Muster im Gefühlserleben werden in der weiteren Entwicklung vor allem durch die jeweiligen Erfahrungen eines Kindes in seinem sozialen Umfeld beeinflusst und geprägt. Über die Kindheit und Jugend verfeinern sich der Ausdruck und die Regulation von Emotionen immer weiter. Art und Umfang dieser Differenzierung werden wesentlich in der Familie, später auch im Freundeskreis und den persönlichen Erfahrungen eines Kindes beeinflusst. Von wesentlicher Bedeutung für die emotionale Entwicklung und Stabilität eines jungen Menschen sind die Befriedigung seiner Grundbedürfnisse und Lernerfahrungen, auf die wir im Folgenden eingehen möchten.

Bei der Darstellung der Möglichkeiten, wie Grundbedürfnisse von Kindern von ihren Eltern befriedigt und ihre emotionale Entwicklung gefördert werden können, wird oft von einem Idealbild ausgegangen. Kein Elternteil wird immer all diese Dinge erfüllen und „richtig" machen, es geht nicht darum, „perfekt" zu sein.

Eltern psychisch kranker Kinder sind selber besonderen Belastungen ausgesetzt. Der alltägliche Umgang miteinander ist herausfordernd. Gefühle von

Überforderung, aber auch Scham und Schuld kennen viele Eltern. Gestehen Sie als Eltern sich diese Gefühle ein, es sind sozusagen „normale" Empfindungen. Versuchen Sie sich deswegen nicht noch mehr verrückt zu machen. Versuchen Sie nicht, perfekt sein zu wollen und von heute auf morgen alles anders zu machen. Versuchen Sie wohlwollend auf Ihre Elternschaft und Ihren alltäglichen Umgang mit Ihrem Kind zu schauen und überlegen Sie, wie Sie das eine oder andere noch stärker beherzigen können.

Stimmungsprobleme im Kindes- und Jugendalter können viele verschiedene Hintergründe haben. Oft, aber nicht immer spielen familiäre Faktoren bei der Entstehung von Depressionen eine Rolle. Auch andere Faktoren können von Bedeutung sein (siehe unten).

Grundbedürfnisse von Kindern und Jugendlichen

Neben den körperlichen Bedürfnissen eines Menschen, zum Beispiel nach Nahrung, Wärme und Schlaf, ist für seine seelische Gesundheit und Ausgeglichenheit die Befriedigung seiner psychischen Grundbedürfnisse ebenso wichtig. Die wichtigsten psychischen Grundbedürfnisse von Kindern und Jugendlichen (vgl. Grawe, 2004) sind die Bedürfnisse nach

- sicherer Bindung und Geborgenheit
- Kontrolle, Orientierung und Vorhersehbarkeit
- einer positiven Selbstwahrnehmung (Selbstwerterhöhung und Selbstwertschutz) sowie
- Lust, Spaß und Freude (Lustgewinn und Unlustvermeidung).

Im Folgenden möchten wir Ihnen diese einzelnen Grundbedürfnisse in ihrer Bedeutung für die Entwicklung von Kindern und Jugendlichen und ihr psychisches Wohlbefinden verdeutlichen.

Grundbedürfnis nach sicherer Bindung und Geborgenheit

Der starke Wunsch nach Bindung und Nähe ist uns allen in die Wiege gelegt. Unser Bedürfnis nach Geborgenheit wird üblicherweise in der Familie durch unsere Eltern befriedigt. Eine sichere und verlässliche Bindung ist eine der wichtigsten Voraussetzungen, damit ein Kind einen gesunden und positiven Umgang mit sich und seinen Gefühlen erwirbt.

Vor allem im Säuglings- und Kleinkindalter wird in der Regel durch die Eltern eine wichtige Basis dafür geschaffen, wie ein Kind Gefühle erlebt und mit Gefühlen umgeht. Über den alltäglichen Umgang und den Austausch mit den Eltern entwickelt ein Kind seine eigene Persönlichkeit. Kinder haben nach der Geburt ein starkes instinktives Bedürfnis nach Nähe und verlässlicher Fürsorge bzw. nach einem sicheren emotionalen Band mit ihren Eltern, das man als Bindung bezeichnet. Bindungsverhalten von Säuglingen und Kleinkindern, in Form von Anklammern, Rufen, Weinen und Nachfolgen, hat seine Wurzeln in unserer menschlichen Entwicklungsgeschichte. Es stellt Nähe zur Mutter, zum Vater oder anderen engen Bezugspersonen her, sichert Fürsorge, Ernährung, Wärme und Schutz. Eine sichere Bindung finden Kinder in einem beständigen und liebevollen Beziehungsangebot ihrer Eltern. Eltern, die feinfühlig auf ihr Kind eingehen, fördern eine sichere Bindung. Sie sind da für ihre kleinen Kinder, nehmen die Signale des Kindes wahr und deuten sie richtig, sie merken und verstehen, was ihr Kind braucht, und reagieren prompt und verlässlich auf seine Bedürfnisse. Die Versorgung und das Eingehen auf das Kind werden nicht über Gebühr durch eigene Probleme und Bedürfnisse der Eltern gestört und verzerrt.

Unmittelbar nach der Geburt sorgen die angeborenen Signale eines Kindes für die Sicherstellung seiner Versorgung. Ein Kind schreit, zum Beispiel wenn es Hunger hat oder friert. Dabei spricht ein Kind in den ersten Lebenswochen weitgehend gleich auf unterschiedliche Menschen und Bezugspersonen an. Aber schon im Laufe des zweiten Lebensmonats sucht ein Kind ausdrücklich nach den besonders vertrauten Bezugspersonen, in der Regel seinen Eltern. Es zieht seine Eltern deutlich vor und erwartet vornehmlich und exklusiv die Nähe zu seinen Eltern. Im weiteren Verlauf sucht ein Kind immer aktiver und gezielter die Nähe seiner Eltern und versucht die Beziehung aufrechtzuerhalten. Abhängig davon, wie feinfühlig und verlässlich die Eltern auf ihr Kind eingehen, verinnerlicht das Kind dann im zweiten und dritten Lebensjahr diese Beziehungserfahrung in einem stabilen inneren Bild. Ein inneres Modell darüber, wie sich ein Kind selber wahrnimmt, wie es andere Menschen erlebt und welche Erwartungen es an sich und die Welt hat, verfestigt sich. Es entsteht eine anhaltende Vorstellung vom eigenen Selbst in Bezug zu anderen Menschen. Diese verinnerlichte Bindungserfahrung beeinflusst die weitere Entwicklung eines Kindes nachhaltig. Sie stellt den Ausgangspunkt für ein positives Selbstwertgefühl und befriedigende Beziehungen zu anderen dar. Kinder mit positiver und verlässlicher Beziehungserfahrung sind in ihrer weiteren Entwicklung auch aktiver dabei, die Umgebung um sie herum zu entdecken (Exploration). Sie haben mehr Zutrauen darin, andere Menschen und Dinge kennenzulernen und eigene Erfahrungen zu sammeln. Mit dem Wissen um den sicheren (elterlichen) Hafen wagen sie sich eher, die Welt zu erkunden (vgl. Bowlby, 2014).

Kinder mit einer sicheren Bindung können mit großer Wahrscheinlichkeit auch mehr positive Gefühle empfinden und negative Gefühle wie Angst, Ärger oder Traurigkeit besser regulieren. Im Umgang mit anderen finden sie häufiger eine gute Balance zwischen den eigenen Bedürfnissen und denen der anderen. Sie können gut auf andere eingehen, sich einfühlen, zuhören, helfen und teilen. Auf der anderen Seite sind sie aber auch gut dazu in der Lage, eigene Bedürfnisse angemessen zu äußern und sich selbst zu behaupten. Dadurch können sie Freundschaften aufbauen und erhalten, sind meist beliebter, haben Selbstvertrauen, können mit Stress umgehen. Sie können aber auch ihre eigene Traurigkeit verarbeiten und fallen bei der Bewältigung von Belastungen nicht so leicht in ein anhaltendes Stimmungstief. Die Erfahrung und Zuversicht dieser Kinder, dass ihre Eltern da sind, wenn sie sie brauchen, münden in die Fähigkeit, selbstständig Aufgaben, Herausforderungen und Belastungen zu überwinden. Auf der Basis eines grundlegenden Da-Seins der Eltern für ihr Kind und ihrer weitestgehend bedingungslosen Nähe, Aufmerksamkeit und Unterstützung entwickelt das Kind Selbstständigkeit, Zufriedenheit und soziale Fertigkeiten. Frühe Beziehungs- und Bindungserfahrungen mit den Eltern werden zu einer Schablone für künftige Erfahrungen.

Wie kann die *Bindungssicherheit* von Kindern gestärkt werden?

- Das Kind und seine Befindlichkeit zu beobachten, ist die Voraussetzung, um seine Bedürfnisse schnell und gut zu befriedigen. Ein Kind fühlt sich wohler und beruhigt sich schneller, wenn bedacht und liebevoll mit ihm gesprochen wird. Gerade in den ersten Lebensmonaten gibt es kein Zuviel an Nähe und Behütung.
- Ein Kind genießt selbstverständliche und grundlegende Wertschätzung. Es entwickelt Selbstwert, wenn es vorbehaltlos und unabhängig von Leistung oder dem „richtigen" Verhalten Liebe und Anerkennung bekommt und auch seine Eigenarten angenommen werden.
- Ein Kind profitiert beim Entdecken, Erkunden und Ausprobieren von Unterstützung und Ermutigung seiner Eltern („Du schaffst das, trau dich ruhig!"). Zu viel Einmischung und unnötige Vorschriften hemmen ein Kind. Zu meisternde Schwierigkeiten allein zu überwinden, macht ein Kind stolz und mutig. Bei größeren Schwierigkeiten Unterstützungen zu bekommen, gibt ihm Sicherheit.
- Es hilft einem Kind, wenn die Eltern sich in seine Lage versetzen und seine Selbstständigkeit respektieren.
- Eltern sollten möglichst offen und zugänglich für die Bedürfnisse und Anliegen ihres Kindes sein, auf es eingehen. Sich Zeit für ein Kind zu nehmen und ihm Aufmerksamkeit zu geben, kommt Eltern und Kind zugute.

- Bei Meinungsverschiedenheiten und Konflikten ist es hilfreich, einfühlsam gemeinsame Lösungen zu suchen. Unterstützung der Eltern, negative Gefühle zu überwinden und einzuordnen, hilft dem Kind, sich später selber zu beruhigen.
- Regeln sollten, wenn möglich, ausgehandelt werden. Ein Kind lernt Einsicht und fühlt sich besser, wenn Eltern fruchtbar mit Streit umgehen, Entscheidungen erklären und fair bleiben.
- Es spricht für eine gute und unterstützende Beziehung, wenn es gelingt, die Selbstständigkeit und Unabhängigkeit eines Kindes und seine Verbundenheit und den Zusammenhalt mit den Eltern in Einklang zu bringen.

Für Kinder da sein und ihnen Aufmerksamkeit und Zuwendung zu schenken, stellt oft eine sehr befriedigende, stolz und glücklich machende Aufgabe dar. Ganz sicher läuft aber nicht immer alles so einfach und glatt. Erziehung kann auch eine große und schwierige Herausforderung sein. Manche Eltern haben es dabei leichter, manche schwerer. Nicht selten mangelt es an bestimmten Voraussetzungen, die Erziehung ganz automatisch und leicht gelingen lassen.

Die Entwicklung einer sicheren Bindung kann durch verschiedene Belastungen gestört werden. Belastungen der Eltern können zum Beispiel gesundheitliche Probleme sein, Ehestreitigkeiten und Trennungen sowie eine schlechte finanzielle Lage. Auch Kinder können im Umgang unterschiedlich und nicht immer einfach sein. Aufseiten des Kindes können ebenso gesundheitliche Probleme (Geburtskomplikationen, Behinderungen, chronische Erkrankungen und so weiter) oder ein schwieriges Temperament (besonders impulsives oder gehemmtes Verhalten) eine Rolle spielen. All diese Faktoren können es den Eltern schwer machen, immer angemessen auf ihr Kind einzugehen. Dennoch ist es nie zu spät, dem Kind emotional wieder näherzukommen und für das Kind und seine Bedürfnisse da zu sein.

Die weiteren Grundbedürfnisse

Neben dem Bedürfnis nach Geborgenheit und sicherer Bindung ist die Befriedigung weiterer Grundbedürfnisse eines Kindes für seine emotionale Entwicklung von großer Bedeutung. Diese weiteren Grundbedürfnisse sind das Bedürfnis nach Kontrolle, Orientierung und Vorhersehbarkeit, nach einem positiven Selbstwert sowie nach Lust, Spaß und Freude.

Der Wunsch, die Welt zu verstehen und sie im Griff zu haben: das Bedürfnis nach Kontrolle, Orientierung und Vorhersehbarkeit. Das Erleben von Kontrolle ist für

Kinder wie für Menschen jeden Alters von großer Bedeutung. Kinder streben danach, etwas zu können, etwas zu schaffen und eigene Ziele zu erreichen. Ein Kind hat das Bedürfnis, sich selbst als wirksam und „erfolgreich" zu erleben, als jemand, der sein eigenes Leben, so gut es geht, im Griff hat, es mitbestimmen und gestalten kann – und nicht als jemand, der hilflos ist und den Umständen ausgeliefert. Eltern und andere Bezugspersonen können die Befriedigung dieses wichtigen Bedürfnisses dadurch fördern, dass sie ihren Kindern Raum zum Ausprobieren geben und ihnen realistische und machbare Anforderungen stellen. Sie können ihre Kinder unterstützen, Anforderungen selbstständig zu meistern, ihnen in einem vernünftigen Ausmaß Verantwortung und eigene Aufgaben übertragen und sie mitbestimmen lassen. Sie sollten ihnen nicht zu viel abnehmen, nicht zu schnell reinreden und Dinge besser wissen, sie nicht über Gebühr schonen und in diesem Sinne auch Misserfolge aushalten können und gemeinsam daran wachsen. Eltern helfen ihrem Kind auch Kontrolle und Orientierung im Leben zu bekommen, indem sie Interessen und Neugier wecken, Fähigkeiten, zum Beispiel im sozialen, künstlerischen, schulischen oder sportlichen Bereich, fördern und ihrem Kind Spaß und Fortschritte rückmelden.

Um Kontrolle und Selbstwirksamkeit zu erwerben, ist es für ein Kind wichtig, Orientierung zu haben. Ein Kind braucht Übersicht in seinem Leben, Klarheit und einen verlässlichen Rahmen, in dem es sich ausprobieren und seine Möglichkeiten ebenso finden kann wie seine Grenzen. Eltern fördern die Orientierung ihres Kindes, indem sie ihnen den Rücken stärken, verlässlich präsent und emotional verfügbar sind, gewisse Regeln und Prinzipien verfolgen und darauf achten, dass diese auch eingehalten werden. Sie vermitteln ihrem Kind Wissen, erklären ihm Möglichkeiten, Grenzen und Wege, wie es Probleme bewältigen und mit Enttäuschungen umgehen kann. Kinder, die Kontrolle und Orientierung erleben, gehen auch später selbstbewusster und mit dem Wissen um ihre eigenen Stärken durchs Leben.

Der Wunsch, sich selber zu mögen: das Bedürfnis nach Selbstwerterhöhung und Selbstwertschutz. Für Kinder ist es (ebenso wie für Erwachsene) besonders wichtig, dass sie sich selber als positiv erleben und wahrnehmen, sich (in einem gesunden Ausmaß) selber mögen, stolz auf sich sind und sich prinzipiell gut und liebenswert finden. Ebenso wollen Kinder von anderen gemocht, angenommen und anerkannt sowie in ihren Stärken gesehen werden. Eltern helfen ihrem Kind dabei, ein positives Selbstwertgefühl zu entwickeln, wenn sie ihm Liebe, Wertschätzung und Anerkennung geben. Wenn sie es ermutigen, trösten und zu ihm halten, wenn sie ihm nah sind und ihm Zärtlichkeit geben. Sie fördern die Selbstannahme ihres Kindes, wenn sie es bestätigen, wenn sie es in seinen ganz eigenen Stärken und Interessen wahrnehmen. Und auch wenn sie mit ihrem Kind gemeinsam Probleme bewältigen, ihm verzeihen können, wenn es Fehler macht, und ihm zur Seite stehen, wenn es Misserfolge erlebt.

Das Gefühl des eigenen Wertes wird vor allem bei Kindern maßgeblich durch die Nähe, Zuwendung und Anerkennung von anderen, insbesondere den Eltern gestärkt. In Zeiten, in den es gut läuft, und in Zeiten, in denen es schlechter läuft. Wenn wir von den Menschen, die uns wichtig sind, geschätzt werden, lernen wir uns selber zu schätzen.

Der Wunsch, Spaß zu haben, glücklich zu sein und die Welt zu genießen: das Bedürfnis nach Lustgewinn und Unlustvermeidung. Kinder möchten sich generell gut, zufrieden und glücklich fühlen. Sie streben grundsätzlich nach positiven Emotionen und wollen schlechte, negative Gefühle nicht über Gebühr erleben. Eltern fördern positive Gefühlszustände bei ihrem Kind, wenn sie innerhalb der Familie für gute Stimmung, ein angenehmes Klima und Zusammenhalt sorgen. Wenn sie ihr Kind spielen lassen und interessante Spielangebote machen, es dazu anhalten, aktiv zu sein und Spaß zu haben, und wenn Eltern auch gemeinsam mit ihrem Kind spielen, lachen und schöne Dinge unternehmen. Eltern unterstützen ihr Kind, wenn sie ihm Freiräume geben, etwas zu genießen, sich etwas hinzugeben und auszukosten, und auch selber dabei Vorbild sind. Eltern sollten ihrem Kind zeigen, wie es sich entspannen kann, wenn es Stress hat, und einfühlsam demonstrieren, wie es auch mit Misserfolgen umgehen kann. Negative Gefühle sollten dabei nicht vermieden werden. Auch wenn es Anlass zu schlechter Stimmung, Traurigkeit, Angst oder Wut gibt, sollte das ruhig offen benannt und angesprochen werden. Ebenso sollten Trost und Zuversicht vermittelt und gemeinsame Lösungen gefunden werden.

Alle genannten seelischen Grundbedürfnisse und ihre Befriedigung durch Bezugspersonen sind wesentlich für die psychische Entwicklung von Kindern und Jugendlichen und ihre emotionale Stabilität. Wie bereits betont, kommt es dabei nicht darauf an, dass Sie als Eltern immer alles perfekt machen und zu viel von sich und Ihrem Kind erwarten. Fehler und Unzulänglichkeiten sind völlig normal und gehören zu jeder Familie. Vielmehr kommt es darauf an, sich als Eltern in seinem Erziehungsverhalten gelegentlich zu hinterfragen, zu schauen, was gut gelingt, und zu schauen, ob etwas im Umgang mit dem Kind noch mehr Beachtung braucht.

Neben den Grundbedürfnissen, die wir eben beschrieben haben, ist es noch hilfreich zu verstehen, wie Kinder lernen, mit Gefühlen umzugehen. Die bedeutsamsten Lernprozesse für die emotionale Entwicklung möchten wir im Folgenden ausführen.

Den Umgang mit Gefühlen lernen und stärken

Kinder und Jugendliche reagieren ganz unterschiedlich auf emotionale Belastungen und regulieren ihre Stimmung auf sehr persönliche Art. Ein Erlebnis, das bei einem achtjährigen Kind Traurigkeit auslöst, könnte zum Beispiel sein, dass seine Schwester oder sein Bruder von den Eltern ein Geschenk bekommt, es selber aber nicht. Manche Kinder nehmen sich diese Erfahrung sehr zu Herzen und grübeln lange darüber nach. Die emotionalen Reaktionen sind intensiver und halten länger an, es gelingt ihnen schlechter, sich zu beruhigen, das Ereignis zu relativieren und mit sich wohlwollender umzugehen. Sie stellen vielleicht die Zuneigung ihrer Eltern prinzipiell infrage und fühlen sich ungeliebt. Sie ziehen sich möglicherweise zurück auf ihr Zimmer und haben das Erlebnis auch am nächsten Tage noch in lebhafter und trauriger Erinnerung. Andere Kinder sind vielleicht nur für einen kurzen Moment irritiert und traurig. Sie besinnen sich dann aber auf eine Gelegenheit, bei der sie schon einmal bevorzugt worden sind, oder hoffen auf eine derartige Situation in der Zukunft. Vielleicht fragen sie ihre Eltern auch nach dem Grund, warum sie nichts bekommen haben, und erhalten eine nachvollziehbare Erklärung. Wieder andere Kinder beginnen möglicherweise mit einem Lieblingsspiel, um sich zu beruhigen, oder gehen raus und besuchen einen Freund.

Die emotionale Entwicklung eines Kindes hängt eng mit seiner geistigen, sprachlichen und sozialen Entwicklung zusammen. Ebenso sind genetische Merkmale und das Temperament von Bedeutung. Besonders wichtig sind Einflüsse des sozialen Umfelds, also vor allem Erfahrungen innerhalb der Familie und mit Gleichaltrigen. Vor allem in den ersten Lebensjahren durchläuft ein Kind entscheidende Entwicklungsschritte im Hinblick auf sein Gefühlserleben. Die emotionale Entwicklung vollzieht sich dabei insbesondere in drei Bereichen:

- der sprachliche und nonverbale (gestisch-mimischer) Ausdruck von Gefühlen
- das Wissen über Gefühle bei sich und anderen und die Kenntnis typischer Auslöser und
- der Umgang mit Gefühlen und die Regulation von Gefühlen.

Insbesondere der letzte Bereich, die *Emotionsregulation*, hat eine wichtige Bedeutung für das spätere Gefühlserleben eines Kindes und auch die mögliche Entwicklung und vor allem Aufrechterhaltung psychischer Probleme. Die Emotionsregulation umfasst verschiedene Fähigkeiten und Fertigkeiten eines Menschen, unangenehme Gefühle, wie Angst, Traurigkeit oder Ärger, angemessen zu bewältigen und positive Empfindungen, wie Freude und Zufriedenheit, herbeizuführen. Diese Fähigkeiten und Fertigkeiten können:

- *gedanklicher Art* sein: zum Beispiel Strategien und Haltungen, Dinge positiv zu betrachten, angenehme Erinnerungen zu aktivieren oder auch bei unangenehmen Erlebnissen die Hoffnung nicht zu verlieren
- bestimmte *Verhaltens*weisen umfassen: zum Beispiel sich ablenken, etwas Angenehmes tun, mit jemandem sprechen oder sich zurückziehen
- letztendlich auch *körperlich-physiologische* Aspekte betreffen, wie etwa die bei jedem Menschen spezifisch ausgeprägte Erregung des Nervensystems (z. B. Herzschlag, Anspannung, Zittern, Weinen) und die hormonelle Steuerung.

Bei den Strategien, mit Gefühlen umzugehen, lässt sich darüber hinaus die innere, auf die eigene Person bezogene *internale* Emotionsregulation von der äußeren, insbesondere auf die Mitmenschen bezogenen *externalen* Emotionsregulation unterscheiden. Emotional kompetentere Kinder und Jugendliche und auch Erwachsene nehmen ihre eigenen Gefühle besser wahr, können sie genauer benennen und können auch besser erkennen, warum diese Gefühle gerade auftreten bzw. woher sie kommen. In Folge können diese Menschen sich selber besser unterstützen, den negativen Gefühlen entgegensteuern, sich leichter Hilfe holen oder bei Bedarf die schlechte Stimmung auch besser aushalten bzw. wenn nötig akzeptieren.

Das Gefühlserleben eines Kindes differenziert sich, wie oben beschrieben, über seine Entwicklung aus. In der Regel zeigt ein Kind schon im zweiten Lebensjahr alle wichtigen Grundgefühle, wie Freude, Überraschung, Zuneigung, Abneigung, Ärger, Scham, Angst und Traurigkeit. Neben dem Temperament, der frühen Beziehung zwischen Eltern und Kind und der Bindungserfahrung beeinflussen weitere Erfahrungen die Art, wie ein Kind Gefühle erlebt, bewertet, ausdrückt und reguliert. Wichtig sind dabei alltägliche Lernerfahrungen, die ein Kind in seinem sozialen Umfeld macht. Insbesondere in den ersten Lebensjahren sind weiterhin die alltäglichen Erlebnisse mit den Eltern und weiteren Familienmitgliedern wesentlich. Dabei lernt ein Kind vor allem über folgende wichtige Erfahrungen (vgl. auch Petermann & Petermann, 2018):

- durch das Erkunden, Entdecken und Sichausprobieren
- über die regelmäßige Verknüpfung von Erfahrungen durch Zuwendung, Aufmerksamkeit und Anerkennung
- über das Vorbild der Eltern und anderer wichtiger Bezugspersonen.

Lernen durch Entdecken und Ausprobieren

Kinder haben, auf der Basis einer sicheren Bindung zu ihren Eltern, ein natürliches Bedürfnis, die Welt zu entdecken und sich auszuprobieren. Dies wird auch als *Explorationsverhalten* bezeichnet. Kinder streben danach, immer mehr von der Welt für sich zu entdecken, neue Herausforderungen zu finden, diese zu bewältigen und dabei auch aus Fehlern zu lernen. Das Erkunden und Ausprobieren beginnt bereits in der Wiege. Hier schult ein Kind unter anderem seine Sinne (zum Beispiel Sehen, Hören und Tasten) und „trainiert" seine Bewegungsmöglichkeiten und seine körperliche Geschicklichkeit (Motorik). Ein Kind freut sich über Erfolge und Fortschritte: wenn es zum Beispiel etwas Neues in seinem Blickfeld entdeckt hat und immer besser fokussieren kann. Wenn es einen Gegenstand immer besser „in den Griff" bekommt. Wenn es durch eigene Bewegungen etwas anderes in Bewegung versetzt oder ein Geräusch erzeugt. Dann lassen sich Freude und Stolz im Gesicht eines Kindes ablesen. Wenn Kinder anfangen zu krabbeln und schließlich zu laufen, wird ihr Wirkungskreis immer größer. Neue Erfahrungen, etwas entdeckt zu haben, etwas geschafft und gemeistert zu haben, seine eigene Wirksamkeit zu erleben, lassen ein Kind zufriedener und selbstbewusster werden. Dies ändert sich nicht über die ganze Kindheit und Jugend. Ein Kind ist glücklich und gewinnt Selbstbewusstsein, wenn es zum Beispiel ein Bild malt, Tiere kennt, seinen Namen schreiben kann, ein Spiel beherrscht, einem kleineren Kind etwas erklärt oder ein Instrument spielt. Das Selbstvertrauen eines Jugendlichen wächst zum Beispiel dann, wenn er den Umgang mit einem Computer beherrscht, Wege alleine zurücklegt, sich selbstständig mit Freunden trifft, wenn er sein Taschengeld selbstständig verwaltet, das Urlaubsziel der Familie mitbestimmt oder Spaß und Erfolg im Sport hat.

Eltern können ihr Kind wesentlich dabei unterstützen, die Welt zu entdecken und zu meistern. Kinder profitieren von einer interessanten Umgebung, die sie zum Üben und Ausprobieren anregt. Ein Kind braucht Zeit und Muße, Dinge zu entdecken, zu wiederholen und schrittweise zu entwickeln und der Welt seine Aufmerksamkeit zu schenken. Dabei benötigen Kinder das Vertrauen und die Unterstützung ihrer Eltern, alles so weit allein auszuprobieren wie möglich und immer dann Hilfe zu bekommen, wenn dies nötig ist. Ebenso hilft ihnen Trost und Ermunterung, wenn etwas falsch gelaufen oder ein Missgeschick passiert ist. Dabei können verschiedene Faktoren ein Kind behindern, stören und in seiner Entwicklung hemmen:

- Zu viele Anregungen, Impulse und Reize können ein Kind überfordern und es immer wieder ablenken. Ein Kind hat nicht genug Zeit und Raum und die

ausreichende Muße, sich intensiver mit einer Sache zu beschäftigen, und verliert mittelfristig schneller die Lust an etwas.
- Zu wenige Anregungen und eine uninteressante Umgebung führen dazu, dass ein Kind sich wenig ausprobiert und seine Interessen, Fähigkeiten und Fertigkeiten nicht ausreichend üben und entwickeln kann.
- Zu enge Grenzen und Beschränkungen und auch zu starke Ängste der Eltern behindern ein Kind in seiner Entdeckerlust.
- Strafen führen in der Regel dazu, dass sich ein Kind schämt und schuldig fühlt. Vielleicht passt es sich unter Bestrafung vordergründig an, es wird aber in seinem Streben gehemmt, sein Selbst und seinen Selbstwert zu entwickeln. Oder es lebt sich an anderer Stelle aus.
- Wenn Eltern sich zu oft einmischen und einem Kind mehr Verantwortung und Selbsttätigkeit abnehmen, als nötig ist, hemmt dies das Kind. Es wird weniger oft stolz auf sich sein, etwas geschafft und Hürden bewältigt zu haben, und wird sich selbst weniger zutrauen. Es wird weniger Selbstwertgefühl und Durchhaltevermögen entwickeln und nicht so sehr auf eigenen Füßen stehen.

Lernen von verlässlichen Zusammenhängen

Kinder erleben Sicherheit und entwickeln sich, wenn gewisse Anregungen und Abläufe in einem regelmäßigen Zusammenhang stehen. Ein festes Einschlafritual, vielleicht mit Vorlesen, Singen und Kuscheln, hilft einem Kind – auch nach einem aufregenden Tag oder belastenden Erlebnissen –, mit einem guten Gefühl einzuschlafen. Wenn Kinder nach einem Missgeschick ein offenes Ohr und Trost bei ihren Eltern finden, hilft es ihnen, sich auch bei zukünftigen Problemen an ihre Eltern zu wenden. Wenn Eltern ihre Kinder über verschiedene Sinneskanäle trösten, zum Beispiel mit verständnisvollen Worten, Berührungen und sie in den Arm nehmen, lernen Kinder, sich auch selber besser zu beruhigen. Auch sonstige Rituale und verlässliche Strukturen, zum Beispiel vor dem gemeinsamen Essen oder vor und nach den Hausaufgaben, helfen einem Kind, sich besser auf eine Situation einzustellen und Anforderungen zu bewältigen.

Entwicklung durch Zuwendung und Anerkennung

Zuwendung stellt für Kinder eine besonders wichtige Lebensenergie dar. Kinder, die merken, dass das, was sie tun und schaffen, von ihren Eltern bewusst und wohlwollend wahrgenommen wird, sind stolz und entwickeln sich weiter.

Kinder, die für ihre Bemühungen Zutrauen und Anerkennung bekommen, fühlen sich sicherer und motivierter. Vor allem, wenn Kindern etwas schwerfällt, profitieren sie von der Bestärkung durch die Personen, die ihnen nahe stehen. Wenn Kinder etwas gerne machen oder sie es gut können, reicht ihnen zuallererst auch die eigene Freude und das Gefühl der Selbstwirksamkeit.

Anerkennung und Verstärkung können auf viele Arten ausgedrückt werden. Die wichtigsten sind aufrichtige Aufmerksamkeit und liebevolle Zuwendung – ein bestätigendes Lächeln, ein Streicheln über den Kopf oder in den Arm nehmen oder ein anerkennendes „Das hast du toll hinbekommen!" oder „Ich freue mich mit dir!". Verstärkung kann auch darin bestehen, nach einem Erfolg oder erreichtem Ziel etwas gemeinsam zu unternehmen (Spielen, Baden, Backen, Basteln, Kino und so weiter), oder auch ein kleines Geschenk sein, worüber sich ein Kind freut. Sie kann auch darin bestehen, einem Kind mehr Verantwortung zu geben. Die Verstärkung sollte dem Kind gefallen, sie sollte echt gemeint sein und aufrichtig vermittelt werden, sie sollte nicht beliebig sein und in einem richtigen Verhältnis stehen. Kinder sollten wissen und rückgemeldet bekommen, worin genau sie bestärkt werden. Gerade in problematischen Phasen besteht das Risiko, dass sich alles um bestehende Schwierigkeiten dreht. Auch der Kontakt in der Familie kann dann vornehmlich über schwierige Themen oder Auseinandersetzungen erfolgen. Gerade dann ist es wichtig, das Gute und positive Entwicklungen nicht zu vergessen.

Die ausdrückliche Verstärkung eines bestimmten Verhaltens von Kindern erfolgt natürlich nur zusätzlich zu der grundlegenden und voraussetzungsfreien Liebe, Aufmerksamkeit und Anerkennung, die jedes Kind benötigt. Gezielte Verstärkung kann Kinder fördern, auch im Umgang mit Gefühlen. Kinder sollten von ihren Bezugspersonen hören und spüren, dass ihre Gefühle da sein dürfen und eine Berechtigung haben, wenn sie zum Beispiel etwas Schlechtes erlebt, gut geschafft oder sich Mühe gegeben haben: „Jetzt bist du traurig, das kann ich gut verstehen!", „Das war mutig von dir!", „Gut, dass du mir von deinen Gefühlen erzählt hast!", „Ich finde es klasse, dass du dir Hilfe geholt hast!" und so weiter. Das hilft ihnen, auch unangenehme Gefühle wahrzunehmen, zu akzeptieren und zu bewältigen.

Soziales Lernen – Eltern als Modell

Kinder lernen auch, indem sie sich etwas von anderen „abschauen" und Dinge nachmachen. Kinder tun oft das, was sie bei anderen sehen und erleben. Die wichtigsten Vorbilder und Modelle sind dabei vor allem die Menschen, die ihnen nahe stehen und die sie mögen, also insbesondere ihre Eltern.

Auch im Umgang mit Gefühlen und Problemen sowie im Umgang mit anderen Menschen haben Eltern eine besondere Vorbildfunktion. Kinder profitieren von dem Vorbild und auch dem Spiegel ihrer Eltern. Wenn ein Kind zum Beispiel hinfällt, wird sein Verhalten auch von der Reaktion seiner Eltern abhängen. Ob diese sich ängstlich, aufgeregt und panisch verhalten oder gelassen und zuversichtlich bleiben, wird sich jeweils anders auf die Gefühlswelt des Kindes auswirken. Sie sollten Vorbild darin sein, auch eigene negative Gefühle, wie Angst oder Traurigkeit (in einem altersangemessenen Umfang) vor ihren Kindern zu zeigen, offen darüber zu sprechen, sich zu beruhigen oder sich Trost zu holen. Eltern sollten ihren Kindern ermöglichen, Sorgen zu zeigen und darüber zu reden.

Wie ein Kind mit negativen Gefühlen umgeht, entwickelt sich vor allem in der alltäglichen Interaktion mit den Eltern und nahen Bezugspersonen. Um sich selber und die eigenen Empfindungen besser kennen zu lernen, brauchen Kinder und Jugendliche ihre Eltern und andere nahe Bezugspersonen als Spiegelbild, Anleiter und sicheren Rahmen. Am Anfang regulieren Kinder ihre Gefühle gemeinsam mit ihren Eltern. Geschieht dies verlässlich, sicher und vorhersagbar, können Kinder und Jugendliche später umso besser und wirkungsvoller Gefühle selbstständig und in ihrem Sinne regulieren und beeinflussen.

Auch in anderer Hinsicht sind Eltern ihren Kindern ein wichtiges Modell und Vorbild. Zum Beispiel, wenn es darum geht aktiv zu sein, Interessen und Hobbys zu haben, sich für Dinge zu begeistern, mit anderen etwas zu unternehmen, offen für Hilfe zu sein, nicht zu hohe Ansprüche zu haben, zu selbstkritisch zu sein etc. Sie können Kinder durch eigenes Handeln darin anleiten, auch größere Probleme gezielt und schrittweise anzugehen und zu lösen.

Wir haben jetzt wichtige psychische Grundbedürfnisse von Kindern und Aspekte ihrer emotionalen Entwicklung erläutert. Die ersten Lebensjahre eines Menschen beeinflussen nachhaltig die Entwicklung des Erlebens und Verhaltens, aber auch spätere Erfahrungen sind bedeutsam. Ausgehend vom angeborenen Temperament eines Kindes wird die emotionale Entwicklung geprägt durch die Bindungsangebote seiner Bezugspersonen, die Befriedigung seiner Grundbedürfnisse und durch weitere Lernerfahrungen. All diese Erfahrungen werden insbesondere in den ersten Lebensjahren auch im Aufbau und der Vernetzung des Gehirns verankert und festgeschrieben. Alle gemachten Erfahrungen hinterlassen Spuren in Anzahl und Gestalt von neuronalen Verschaltungen. Auf diesem Weg beeinflussen frühe Erfahrungen wesentlich die Gefühle, das Denken und das Tun im weiteren Verlauf des Lebens. Spätere Erfahrungen im Lebensverlauf beeinflussen die emotionale Entwicklung weiter.

Was ist eine Depression?

Möglicherweise haben Sie sich diese Frage schon gestellt: Wann wird eigentlich eine „normale" Traurigkeit zu einer Depression? Woran kann eine Depression erkannt werden? Und woran merke ich, dass mein Kind unter Depressionen leidet und Hilfe nötig ist? Diese Fragen sind nicht so leicht zu beantworten und erfordern für jedes Kind ein genaues Hinsehen. Eine Depression kann viele Gesichter haben und sich auch im Einzelfall ganz unterschiedlich äußern (wie auch in den Fallbeispielen am Anfang des Buches deutlich wird). In diesem Kapitel geben wir Ihnen einen Überblick über die Kriterien und Symptome einer Depression sowie über einzelne Diagnosen und Störungsbilder, die dabei unterschieden werden können. Außerdem zeigen wir, wie eine Depression im Einzelfall festgestellt bzw. diagnostiziert werden kann. Darüber hinaus stellen wir eine kurze Checkliste vor, die Ihnen als Eltern und anderen Bezugspersonen eine erste Orientierung bietet, ob Ihr Kind Anzeichen einer Depression aufweist und eine weitergehende fachliche Diagnostik und möglicherweise professionelle Hilfe nötig ist.

Kennzeichen psychischer Störungen im Kindes- und Jugendalter

Eine Depression ist eine psychische Störung, ein seelisches Leiden. Wie bei einer körperlichen Krankheit wird davon ausgegangen, dass das psychische Leiden und die Krankheitszeichen ein bestimmtes Ausmaß erreicht haben und so von einer psychischen Störung oder Krankheit gesprochen werden kann. Ebenso wie bei körperlichen Erkrankungen und sonstigen psychischen Störungen ist eine Depression durch bestimmte *Symptome*, also verschiedene mehr oder weniger typische Beschwerden und Beeinträchtigungen, gekennzeichnet. Eine *Diagnose* ist ein definiertes Krankheitsbild, das bestimmte Symptome umfasst und gewisse Kriterien erfüllt. Diagnosen psychischer Störungen versuchen die Vielfalt menschlicher psychischer Probleme und Beeinträchtigungen zu sortieren und in bestimmte Einheiten zu ordnen. Die einzelnen Symptome und Kriterien einer Depression sowie dazugehörige Diagnosen beschreiben wir weiter unten. Insbesondere bei Verhaltensstörungen und emotionalen Störungen im Kindes- und Jugendalter gibt es keine absolut eindeutige Trennlinie, anhand derer sich „gesunde" und „kranke" beziehungsweise „normale, unauffällige" und „auffällige" Kinder immer ganz klar voneinander unterscheiden lassen. Vielmehr wird ein fließender Übergang angenommen. Neben bestimmten Symptomen für einzelne Diagnosen und Störungen existieren allgemeine Hinweise, um abzuschätzen, wann ein Kind oder Jugendlicher als depressiv einzuschätzen ist und Hilfe benötigt. Wie auch bei anderen psychischen Störungen, wie zum Beispiel Angst- oder Essstörungen, können folgende grundsätzliche Fragen zu einer Einschätzung beitragen:

- **alltägliche Beeinträchtigungen:** Führen die Symptome zu spürbaren Beeinträchtigungen im Alltag? Trifft sich das Kind zum Beispiel nicht mehr so oft mit anderen Kindern? Zieht es sich aus dem Familienleben zurück? Macht es in der Schule nicht mehr so gut mit?
- **persönliches Leid:** Leidet ein Kind stark unter den vorliegenden Symptomen und Beschwerden?
- **Dauer und Intensität der Symptome:** Bestehen die Symptome schon über einen längeren Zeitraum? Sind sie nicht nur vorübergehend oder stellen kurzfristige Reaktionen dar? Liegen mehrere unterschiedliche Symptome und Beschwerden vor?
- **Unterschiede in der Person:** Hat sich ein Kind im Vergleich zu früher spürbar verändert?
- **Unterschiede zu anderen:** Verhält oder fühlt sich ein Kind im Vergleich zu anderen Kindern seines Alters deutlich anders und auffällig?
- **Hilfebedarf:** Ist nicht davon auszugehen, dass ein betroffenes Kind und seine Angehörigen die Beschwerden und Probleme in absehbarer Zeit und mit gewisser Sicherheit aus eigener Kraft in den Griff bekommen?
- **allgemeine Entwicklungsgefährdung:** Ist eine Beeinträchtigung der allgemeinen Entwicklung eines Kindes wahrscheinlich oder bereits spürbar?

Antworten auf diese Fragen können wichtige Anhaltspunkte dafür sein, dass nicht nur eine normale Stimmungsschwankung vorliegt, nicht nur eine vorübergehende Krise oder eine im Rahmen der Entwicklung von Kindern und Jugendlichen übliche Problematik, sondern eine ernsthafte psychische Störung, die die Diagnose einer Depression rechtfertigt.

Es sei nochmals betont, Depression ist eine definierte Diagnose und damit ein Versuch, bestimmte typische, aber im Einzelfall doch auch teilweise sehr unterschiedliche Beschwerden und Probleme zu ordnen, einzuteilen und ihnen einen Namen zu geben. In vielerlei Hinsicht ist diese Verwendung von Diagnosen sinnvoll. Auf diese Art werden die oft erheblichen Belastungen und Beeinträchtigungen von Kindern und Jugendlichen anerkannt und akzeptiert, was eine gewisse Entlastung für die Betroffenen und ihre Angehörigen bedeuten kann. Ansprüche und Erwartungen des sozialen Umfelds an die Betroffenen können überdacht und relativiert, geeignete Unterstützungs- und Behandlungsmaßnahmen eingeleitet werden (und mit der Diagnose formal auch über die Krankenversicherung abgerechnet werden). Die Einteilung in Diagnosen erleichtert den Austausch zwischen den Beteiligten und ermöglicht eine gezieltere Informationssammlung und auch die Entwicklung von speziell zugeschnittenen Hilfen und Therapien.

Kinder und Jugendliche sollten aber auf keinen Fall auf ihre Diagnosen reduziert werden. Diagnosen sollten nicht dazu führen, Menschen oberflächlich und stereotyp zu beurteilen, sie zu vereinheitlichen und die individuellen Besonderheiten zu vernachlässigen. Es ist nicht hilfreich, eine Depression nur auf eine krankhafte Veranlagung eines Kindes oder Jugendlichen zu reduzieren. Eine Depression ist immer auch eine Reaktion auf bestimmte Umstände und Konstellationen im Leben, auf Belastungen und Einflüsse im sozialen Umfeld. Die ganz persönlichen Eigenheiten, Probleme aber auch Stärken eines Kindes sowie die jeweiligen sozialen Umstände sind bei der Einschätzung und später auch bei der Behandlung besonders zu berücksichtigen.

Beschreibung depressiver Störungen

Eine Depression ist eine psychische Störung, die vor allem die Stimmung und den Antrieb eines Menschen betrifft. Wie auch der Alltagsgebrauch des Begriffes „depressiv" verdeutlicht, geht es um einen Zustand, in dem man sich traurig und niedergeschlagen fühlt oder „schlecht drauf" ist. Wie die lateinische Wortbedeutung anzeigt – *deprimere = herunterdrücken* – ist der betroffene Mensch in seiner Stimmung sehr gedrückt und in seinem Antrieb stark reduziert, er fühlt sich „unten".

Neben den oben genannten allgemeinen Kennzeichen einer psychischen Störung gibt es weitere spezielle Anzeichen für eine Depression. Eine genaue, einheitliche Beschreibung kann ihren im Einzelfall ganz unterschiedlichen Gesichtern und Ausprägungen dabei nicht immer vollständig gerecht werden.

Eine Depression beeinträchtigt weite Bereiche des Erlebens und Verhaltens eines Kindes oder Jugendlichen. Symptome und Störungsanzeichen zeigen sich nicht nur in Bezug auf die Stimmung, sondern auch im Hinblick auf das Denken, auf das Handeln sowie auch im Hinblick auf das körperliche Wohlbefinden. Erst wenn verschiedene Symptome zusammenkommen, über einen bestimmten Zeitraum andauern und zu persönlichem Leid und/oder Schwierigkeiten im Alltag führen, kann von einer emotionalen Störung oder von einer Depression gesprochen werden.

Bei einer Depression werden sogenannte Kernsymptome von weiteren Begleiterscheinungen unterschieden. Die drei Kernsymptome einer Depression sind:

- **depressive Verstimmung oder auch reizbare Stimmung:** Als ein beständiges Grundgefühl besteht eine mehr oder weniger andauernde, deutliche Traurigkeit oder Niedergeschlagenheit. Dieses Grundgefühl kann sich bei Kindern und Jugendlichen auch darin äußern, oft oder besonders leicht *reizbar* zu sein oder oft und aus kleinen Anlässen heraus missmutig, quengelig oder trotzig zu reagieren.
- **Lustlosigkeit (Anhedonie):** Die übliche Freude an schönen Dingen und das Interesse, selbst an tollen, spannenden Sachen, sind deutlich weniger spürbar oder kaum noch vorhanden. Die Möglichkeit, Spaß und Lust zu empfinden (= Hedonie), ist erheblich eingeschränkt.
- **Antriebslosigkeit:** Die allgemeine Motivation sowie die Energie und Lebenskraft wirken deutlich herabgesetzt. Betroffene Kinder und Jugendliche können sich schlechter aufraffen, unternehmen deutlich weniger, sind schnell kaputt, erschöpft und müde.

Zu diesen drei Kernsymptomen kommen weitere Anzeichen hinzu, die die ganze Person und ihr Erleben und Verhalten betreffen können. Die weiteren Symptome einer Depression können folgende Bereiche betreffen:

- das Denken (zum Beispiel Schwierigkeiten haben, sich zu konzentrieren; negative Dinge überbewerten; häufiges Grübeln)
- das Handeln und Tun (zum Beispiel vieles langsamer machen, sich zurückziehen, stiller sein)
- das Fühlen (zum Beispiel sich schuldig fühlen, mehr Angst haben)
- das körperliche Wohlbefinden (zum Beispiel Kopf- oder Bauchschmerzen, wenig Appetit, schlecht schlafen).

Als ein Maßstab dafür, ob das Auftreten der Symptome als schwer und ernsthaft einzuschätzen ist, sollten die Symptome über eine gewisse Zeit andauern. Hier werden zwei Wochen als eine kritische Grenze angesehen.

Diagnosen depressiver Störungen

Die verbindlichen Kriterien einzelner psychischer Störungen, wie auch der Depression, werden von der *Weltgesundheitsorganisation (WHO)* festgelegt. Für die WHO sind ausgewiesene Fachleute und Spezialisten für bestimmte Gesundheitsbereiche verantwortlich. Sie entwickeln in gewissen Abständen für alle bekannten körperlichen Erkrankungen und psychischen Störungen aktuelle und allgemeingültige Diagnosekriterien und Symptomlisten. Diese werden als Leitlinie – die sogenannte International Classification of Diseases (ICD) – veröffentlicht und dienen dem Gesundheitssystem als gemeinsame Grundlage. Aktuell ist diese Leitlinie in ihrer zehnten Version gültig (ICD-10).[1] In ihr werden auch depressive Störungsbilder mit ihren Symptomen und Kriterien beschrieben.

Für die sogenannten *depressiven Störungen* wird davon ausgegangen, dass diese sich bei Kindern und Jugendlichen prinzipiell auf dieselbe Art wie bei Erwachsenen äußern können. Für die unterschiedlichen Altersstufen werden die gleichen diagnostischen Kriterien zugrunde gelegt. Die in der ICD-10 beschriebene depressive Episode kann als die klassische Form der Depression verstanden werden. Eine depressive Episode ist dabei eine einzelne Phase einer Depression. Um eine rezidivierende depressive Störung handelt es sich, wenn im Leben wiederholt depressive Phasen auftreten.

Im **Kasten 1** sind die Kriterien einer depressiven Episode nach ICD-10 der Weltgesundheitsorganisation aufgeführt. Auch hier wird vorher angemerkt, dass das Erscheinungsbild einer Depression *„beträchtliche individuelle Varianten"* zeigt und besonders im Jugendalter ein *„untypisches Erscheinungsbild"* häufig ist.

Je nachdem, wie viele und wie stark ausgeprägt die jeweiligen Symptome vorliegen und wie sehr das alltägliche Leben davon beeinträchtigt wird, können Fachleute die Depression als leicht, mittelgradig oder schwer einstufen. Eine solche Einstufung orientiert sich an folgenden Erscheinungsformen:

- Bei einer leichten Depression fühlt sich der betroffene Mensch spürbar beeinträchtigt, er ist aber oft noch (unter Anstrengung) dazu in der Lage, die meisten seiner alltäglichen Aktivitäten fortzusetzen und Aufgaben zu erfüllen.

---

[1] Die ICD-11 soll im Verlaufe des Jahres 2020 eingeführt werden. Bisherige Entwürfe zeigen keine wesentlichen Änderungen für die Definition und Beschreibung einer Depression.

- Bei einer mittelgradigen Ausprägung hat er zumeist große Schwierigkeiten, alltägliche Aktivitäten fortzusetzen, vieles klappt nicht wie bisher.
- Bei einer schweren Depression sind die meisten der oben genannten Symptome deutlich ausgeprägt und werden als sehr quälend erlebt. Typischerweise bestehen ein Verlust des Selbstwertgefühls und starke Gefühle von Wertlosigkeit und Schuld. Suizidgedanken und -handlungen sind häufig und meist liegen körperliche Symptome vor. Im Alltag ist die betroffene Person erheblich beeinträchtigt.

Kasten 1: Beschreibung und Symptome einer depressiven Episode nach ICD-10 der Weltgesundheitsorganisation

Bei den typischen depressiven Episoden leidet der betroffene Mensch unter einer gedrückten Stimmung und einer Verminderung von Antrieb und Aktivität. Die Fähigkeit zu Freude, das Interesse und die Konzentration sind vermindert. Ausgeprägte Müdigkeit kann nach jeder kleinsten Anstrengung auftreten. Der Schlaf ist meist gestört, der Appetit vermindert. Selbstwertgefühl und Selbstvertrauen sind fast immer beeinträchtigt. Sogar bei der leichten Form kommen Schuldgefühle oder Gedanken über die eigene Wertlosigkeit vor. Die gedrückte Stimmung verändert sich von Tag zu Tag wenig, reagiert nicht auf Lebensumstände und kann von sogenannten somatischen Symptomen begleitet werden wie Interessenverlust oder Verlust der Freude, Frühwachen, Morgentief, deutliche psychomotorische Hemmung, Getriebensein und Unruhe, Agitiertheit, Appetitverlust, Gewichtsverlust und Verlust von sexuellem Interesse.

Zwei der drei Kernsymptome müssen über mindestens zwei Wochen vorliegen:

- depressive Stimmung, in einem für die Betroffenen deutlich ungewöhnlichen Ausmaß, die meiste Zeit des Tages, fast jeden Tag, im Wesentlichen unbeeinflusst von den Umständen und mindestens zwei Wochen anhaltend
- Interessen- oder Freudenverlust an Tätigkeiten, die normalerweise angenehm waren
- verminderter Antrieb oder gesteigerte Ermüdbarkeit

Darüber hinaus müssen weitere der folgenden Symptome vorliegen:

- Verlust des Selbstvertrauens oder des Selbstwertgefühles
- unbegründete Selbstvorwürfe oder ausgeprägte, unangemessene Schuldgefühle
- wiederkehrende Gedanken an den Tod oder an Suizid; suizidales Verhalten
- Klagen über oder Nachweis eines verminderten Denk- oder Konzentrationsvermögens, Unschlüssigkeit oder Unentschlossenheit
- psychomotorische Getriebenheit oder Hemmung (subjektiv oder objektiv)
- Schlafstörungen jeder Art
- Appetitverlust oder gesteigerter Appetit mit entsprechender Gewichtsveränderung

Es sollte nicht erwartet werden, dass insbesondere bei Kindern und Jugendlichen Phasen von Traurigkeit, Lustlosigkeit und Antriebsschwäche immer ganz genau den vorgegebenen Symptomen und Kriterien einer Depression entsprechen. Es ist auch zu überlegen, ob der Stempel der Diagnose Depression im Einzelfall hilfreich und sinnvoll ist. Wichtig und entscheidend ist allein die Tatsache, ob ein Kind oder Jugendlicher unter bestimmten psychischen Problemen leidet, dadurch in seiner Entwicklung beeinträchtigt ist und ob besondere Hilfe und Unterstützung erforderlich ist.

Insbesondere bei Kindern und Jugendlichen müssen weitere Beschwerden und Auffälligkeiten beachtet werden, die ebenso auf emotionale Probleme und eine Depressivität hindeuten können. Hierzu zählen, wie teilweise schon benannt:

- Reizbarkeit oder eine missmutige, übellaunige Stimmung
- verschiedene Formen von Ängsten
- eine besondere Schüchternheit oder Befangenheit im Umgang mit anderen
- Rückzug und Alleinsein, wenige Kontakte und Freundschaften
- starkes Gelangweiltsein, wenige Interessen und Hobbys
- häufige körperliche Beschwerden, wie Bauchweh oder Kopfschmerzen, die körperlich nicht ausreichend erklärt werden können
- schlechtere schulische Leistungen, die Vermeidung schulischer Anforderungen oder gar des Schulbesuchs
- selbstverletzendes Verhalten (etwa Ritzen der Unterarme).

Es ist davon auszugehen, dass das Bild und die Symptome der Depression mit zunehmendem Alter mehr dem Bild und den Symptomen einer typischen Depression von Erwachsenen entsprechen. Gerade bei Kindern, aber auch noch bei Jugendlichen kann es viele unterschiedliche Anzeichen und Gesichter einer Depression geben.

Weitere Diagnosen

Im Folgenden stellen wir kurz einige weitere Diagnosen und Störungsbilder vor, bei denen Traurigkeit und Antriebslosigkeit eine Rolle spielen. Unter Fachleuten werden unter anderem folgende Diagnosen verwendet, die sich auch auf das Vorliegen emotionaler Probleme und psychischer Symptome beziehen.

Störung des Sozialverhaltens mit depressiver Störung. Unter dieser Diagnose wird ein Störungsbild eingeordnet, bei dem ein Kind oder Jugendlicher sich auch im Umgang mit anderen Menschen und im Hinblick auf Regeln des sozialen Miteinanders deutlich auffällig verhält. Diese Auffälligkeiten im Sozialverhalten, die neben der Depressivität auftreten, können zum Beispiel schnell wütendes, sehr trotziges, aggressives oder auch gewalttätiges Verhalten sein oder sonstige Grenzverletzungen, wie stehlen, Schule schwänzen, Sachen kaputt machen oder weglaufen.

Kombinierte Störung des Sozialverhaltens und der Emotionen. Diese Diagnose ist noch umfassender und unspezifischer als die eben beschriebene und kann auch der Vielschichtigkeit psychischer Probleme gerecht werden. Unter dieser Diagnose kann neben der genannten Störung im Sozialverhalten und den depressiven Symptomen auch das gleichzeitige Auftreten weiterer ernsthafter Symptome im Gefühlserleben eingeordnet werden, zum Beispiel starke soziale Ängste, Panik, Leistungsängste oder sonstige Phobien.

Emotionale Störung. Diese Diagnose kann verwendet werden, wenn verschiedene emotionale Symptome und Auffälligkeiten, vor allem Depressivität und Ängstlichkeit, vorliegen, die keiner anderen, spezifischeren Diagnose zugeordnet werden können.

Dysthymia. Diese für Kinder und Jugendliche eher selten verwendete Diagnose beschreibt eine eher milde, aber dafür sehr lange andauernde Form der Depression. Kinder und Jugendliche, die unter diese Diagnose eingeordnet werden können, fühlen sich über mindestens ein bis zwei Jahre oft traurig, niedergeschlagen, hoffnungslos und weniger wert. Die Merkmale sind aber nicht so intensiv ausgeprägt und im Alltag beeinträchtigend wie bei der depressiven Episode beziehungsweise wiederkehrenden depressiven Störung. Für das Verständnis hilfreich ist hier vielleicht der Vergleich zwischen einem lang anhaltenden Schnupfen und einer schweren Grippe (vgl. auch Abb. 1).

Anpassungsstörungen. Auch bei dieser Diagnose können depressive Symptome und weitere emotionale psychische Probleme zugrunde liegen. Aber im Vergleich zu den anderen Diagnosen wird hier in Bezug auf die Entstehung und die Ursachen der Probleme ein enger Zusammenhang zu bestimmten Erlebnissen und Ereignissen im Leben der Kinder und Jugendlichen angenommen, wie etwa ein Todesfall in der Familie, die Trennung der Eltern oder eine schwere körperliche Erkrankung. Die Symptome sind auch (noch) nicht so schwer und chronisch ausgeprägt, haben weniger Eigendynamik.

Was ist eine Depression? 49

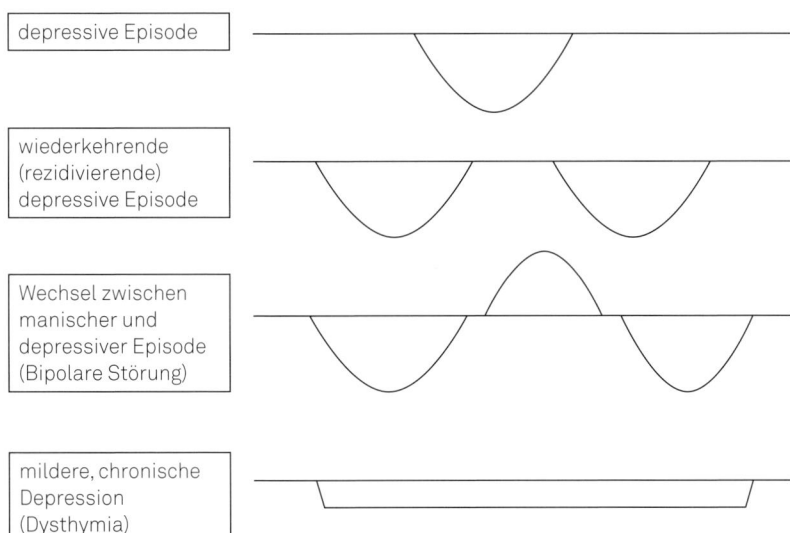

Abbildung 1: Verlaufsformen der Depression

Manisch-depressive beziehungsweise bipolare Störungen. „Himmelhoch jauchzend und zu Tode betrübt" – bei sogenannten bipolaren affektiven Störungen treten depressive Phasen im Wechsel mit *manischen Episoden* auf (vgl. Abb. 1). Im Rahmen manischer Phasen zeigen betroffene Menschen eine außerordentlich deutlich gehobene Stimmung, ein hohes Maß an Erregung, Ruhelosigkeit und Selbstüberschätzung. Bipolare Störungen sind besonders bei Kindern und Jugendlichen im Vergleich zu depressiven Störungen selten. Bei ihnen handelt es sich aber in der Regel um eine besonders schwerwiegende psychische Problematik. Viele Kinder, aber auch gerade Jugendliche in der Pubertät zeigen teilweise recht extreme und häufige Stimmungsschwankungen. Diese sind (bis zu einem gewissen Ausmaß) eher normal im Rahmen der Entwicklung und nicht gleichzusetzen mit einer manisch-depressiven Störung.

Wie gezeigt, gibt es verschiedene Diagnosen, unter denen depressive und damit verwandte Symptome eingeordnet werden können. Die genaue Grenze zwischen „gesund" und „auffällig" oder „krank" ist dabei nicht immer leicht zu ziehen, ebenso wenig wie die Grenzen zwischen den verschiedenen beschriebenen Störungsbildern. Auch wenn Fachleute diese Diagnosen stellen, muss dies nicht immer übereinstimmend sein und hängt teilweise auch von fachlichen Perspektiven, Gewohnheiten und Vorlieben ab. Für die betroffenen Kinder und Jugendlichen und Sie als Eltern ist es aber vor allem entscheidend, dass die richtigen Empfehlungen und eventuell notwendigen Behandlungsschritte abgeleitet werden und die erforderliche Hilfe und Unterstützung einsetzt. Wichtig ist auch, dass die Fachleute Ihnen und Ihrem Kind die jeweilige Diagnose nachvollziehbar begründen und gut erklären.

Auf welchem Weg kommt ein Experte zu einer Diagnose? Wie stellt er oder sie fest, ob die genannten Symptome vorliegen und tatsächlich eine Depression oder eine andere psychische Störung zu diagnostizieren ist? Den Weg zur Diagnosestellung bzw. den Ablauf der Diagnostik möchten wir im folgenden Abschnitt beschreiben.

Diagnostik – Der Weg zur Diagnose und zur richtigen Hilfe

Als Eltern wissen Sie am besten, dass es in der Entwicklung von Kindern und in ihrer Erziehung viele erfreuliche und schöne Momente gibt – Erfahrungen, die das Leben mit Kindern so besonders und wertvoll machen. Sie wissen aber auch, dass auch eine Menge Herausforderungen, kritische Phasen, Schwierigkeiten und "Auf und Abs" dazugehören. Die meisten dieser Schwierigkeiten sind für die Entwicklung von Kindern völlig normal. In der Regel sind für diese Alltagsprobleme keine fachliche Einschätzung und keine weiterführende Diagnostik erforderlich. Trotzdem sollten Sie als Eltern oder andere Bezugspersonen sich im Zweifelsfall nicht scheuen, entsprechende Maßnahmen einzuleiten und sich professionelle Hilfe zu suchen. Zwei Punkte sind hierbei besonders beachtenswert:

- Trotz mehr Offenheit in der Gesellschaft und mehr Anlaufstellen werden viele Kinder und Jugendliche mit psychischen Problemen immer noch spät und oft zu spät genauer untersucht und bekommen dann erst verzögert die richtige Hilfe. Immer noch häufig werden sie zu spät bei einem Experten vorgestellt.
- Je früher Kinder und Jugendliche mit psychischen Problemen und ihre Familien notwendige Unterstützung erhalten, umso besser kann ihnen geholfen werden. Je länger ernsthafte psychische Probleme unbehandelt bleiben, umso mehr verschlechtern sie sich in der Regel und gefährden die Entwicklung der Betroffenen.

Wenn Sie als Eltern bei ihren Kindern Anzeichen einer Depression oder andere ernsthaftere psychische Probleme vermuten, sollten Sie also bald eine Vorstellung bei einer Fachperson veranlassen. Sie sollten sich dabei nicht von kleineren Auffälligkeiten und Problemen ihrer Kinder verrückt machen lassen (zum Glück ist kein Kind „total normal" und in keiner Entwicklung läuft alles ganz glatt). Sie sollten aber auch nicht zu lange warten und bei ernsthafterem Verdacht oder im Zweifelsfall lieber zu früh als zu spät weitere Schritte einleiten.

Werden Sie als Eltern von anderen Menschen, Lehrkräften oder Erziehern, auf Probleme und Auffälligkeiten Ihrer Kinder hingewiesen, ist es (in der Regel) hilfreich, diese Hinweise ernst zu nehmen. Es kann sein, dass sich bestimmte Auffälligkeiten im familiären Umfeld gar nicht so sehr zeigen, wohl aber in der Schule oder unter Gleichaltrigen, zum Beispiel in einem Sportverein. Auch dann können ein wohlwollender Austausch und eine weitere Abklärung hilfreich sein. Manchmal besteht die Gefahr, dass Eltern Hinweise von Dritten vorschnell als Einmischung oder Verurteilung ihres Kindes verstehen. Besser ist es aber, erst einmal davon auszugehen, dass sich der andere gut gemeinte Gedanken über Ihr Kind gemacht hat und möglicherweise wertvolle Hinweise gibt. Natürlich sollten auch Lehrkräfte, Erzieher und andere Bezugspersonen gegenüber Ihnen als Eltern den nötigen Respekt und Wertschätzung bewahren. Sie sollten Ihnen gegenüber offen und ehrlich sein und über die ihnen anvertrauten Kinder und ihre Familien keine zu allgemeinen Urteile fällen und vorschnelle Ratschläge geben.

Wie wir auch später im Kapitel zu Hilfe, Behandlung und Therapie beschreiben, ist es für die Entwicklung der Kinder und für die Bewältigung von Problemen natürlich von großer Bedeutung, dass alle Beteiligten eng, respektvoll und wohlwollend zusammenarbeiten und sich offen und regelmäßig austauschen. Das umfasst sowohl die Zusammenarbeit und den Austausch der Eltern, auch geschiedener Eltern, als auch die Kooperation mit weiteren Helfern und Bezugspersonen, zum Beispiel Lehrkräften, Therapeuten und Ärzten oder Mitarbeitern des Jugendamtes.

Zusammenfassend lässt sich für Sie als Eltern also sagen: Nicht hinter jeder Auffälligkeit eines Kindes steckt eine psychische Störung; Probleme gehören (in gewissem Ausmaß) zum Leben dazu. Wenn Sie als Eltern sich aber unsicher fühlen oder deutliche Anzeichen einer psychischen Belastung bemerken, vermuten oder darauf hingewiesen werden, sollten Sie auch nicht zu lange warten, sich professionelle Hilfe zu suchen. Im Zweifelsfall ist es ratsam, besser zu früh und mehrmals Fachleute aufzusuchen, als zu spät oder zu wenig.

Wer ist der richtige Ansprechpartner?

Wenn Sie als Eltern den Eindruck haben, dass Ihr Kind unter psychischen Problemen leidet oder durch diese bei alltäglichen Aufgaben und Aktivitäten beeinträchtigt ist, sollten Sie Ihre Bedenken bald mit einem Experten besprechen. Richtige Ansprechpartner sind Kinderärzte, die die Kinder in der Regel auch schon kennen und die Kinder gegebenenfalls an weitere Fachleute überweisen können. Daneben kommen Kinder- und Jugendlichenpsychotherapeuten oder Psychologische Psychotherapeuten, die Kinder behandeln, infrage oder Fachärzte für Kinder- und Jugendpsychiatrie und -psychotherapie. Diese Fachleute können in eigener Praxis niedergelassen sein oder in Fachkliniken arbeiten, zum Beispiel der Ambulanz einer Klinik für Kinder- und Jugendpsychiatrie und -psychotherapie, oder auch in anderen Institutionen, wie Erziehungsberatungsstellen, Sozialpädiatrischen Zentren oder auch dem Gesundheitsamt (weitere Informationen hierzu im Verlauf).

Wie verläuft die Diagnostik?

Im Rahmen einer Diagnostik macht sich ein Experte zunächst ein Bild davon, ob und welche gesundheitlichen und insbesondere psychischen Beschwerden bei einem Kind oder Jugendlichen vorliegen. Abschließend werden hieraus, wenn nötig, Hilfsmaßnahmen abgeleitet. Dabei unterscheidet sich die Diagnostik psychischer Probleme, wie zum Beispiel einer Depression, von der Diagnostik körperlicher Erkrankungen. Im Vordergrund stehen keine körperlichen Untersuchungen; diese sind jedoch oft nötig, um bestimmte körperliche Ursachen für psychische Probleme auszuschließen.

Es gibt keine spezielle körperliche Untersuchung, etwa einen Bluttest oder Ähnliches, mit dem eine Depression standardmäßig festgestellt werden kann. Bei der Diagnostik psychischer Störungen werden vielmehr systematisch wichtige Informationen über das Verhalten, die Gefühle und die Gedanken eines Kindes und über seine Entwicklung gesammelt. Diese werden dann in einer Gesamtschau bewertet und eingeordnet. Dafür nutzen Fachleute in der Regel mehrere Vorgehensweisen (psychodiagnostische Methoden und Instrumente) und Informationsquellen, die wir in **Kasten 2** im Überblick aufgelistet haben und im Folgenden beschreiben.

Kasten 2: Auf dem Weg zur Diagnose – Methoden und Informationsquellen

- diagnostisches Gespräch mit den Eltern
- diagnostisches Gespräch mit dem Kind oder Jugendlichen
- Fragebögen
- psychologische Tests
- Verhaltensbeobachtung
- Befragung anderer Bezugspersonen
- schriftliche Unterlagen und Aufzeichnungen
- körperliche Diagnostik (zum Beispiel Blutbild)

Diagnostisches Gespräch mit den Eltern: Als Eltern sind Sie selbstverständlich eine der wichtigsten Informationsquellen. Sie sind in der Regel die Personen, die die Kinder mit Abstand am besten kennen. Sie kennen die Entwicklung der Kinder und sind mit ihrem Alltag vertraut. Sie können dem Experten wichtige Hinweise dazu geben, wie sich Ihr Kind fühlt, was es tut, wie es sich vielleicht verändert hat und worüber Sie sich aktuell Sorgen machen. Der Experte wird sich in der Regel Zeit dafür nehmen, Sie teils offener, teils gezielter zu all diesen Informationen zu befragen. Wichtige Informationen, die ein Kind betreffen, sind unter anderem:

- seine Geburt und seine frühkindliche Entwicklung (zum Beispiel Temperament, Schlafen, Essen, Sauberkeit)
- seine Entwicklung in Kindergarten und Schule (Umgang mit Gleichaltrigen, Leistungen und Arbeitsverhalten, Verhalten beim Spielen)
- Interessen und Hobbys
- Freundschaften
- Alltagsabläufe
- Ernährung, Schlaf, körperliche Gesundheit
- Nutzung von Medien
- mögliche Vorbehandlungen
- Informationen zu den Anzeichen und Symptomen von möglichen depressiven oder anderen psychischen Störungen.

Neben all den möglichen Problemen und Komplikationen sollten von Anfang an, sowohl von den Experten als auch den Eltern, die Stärken und die positiven Seiten des Kindes nicht vergessen werden. Dies sind ganz besonders wichtige Informationen.

Das systematische diagnostische Gespräch, das Erfragen von wichtigen Informationen zur Einschätzung darüber, ob und welche psychischen Probleme vorliegen, wird als *Exploration* bezeichnet. Die jeweilige Entwicklungsgeschichte eines Kindes und seiner psychischen Probleme wird *Anamnese* genannt.

Neben den Informationen zur Entwicklung Ihres Kindes und zu seinem gegenwärtigen Verhalten und Erleben sind auch Informationen zur gesamten Familie und zu Ihnen als Eltern wichtiger Bestandteil der Diagnostik. Natürlich sind Kinder in besonderem Maß eingebettet in ihre familiäre Umgebung. Und selbstverständlich werden Kinder, neben anderen Einflüssen, in ihrer Entwicklung insbesondere von ihrer Familie geprägt. Um ein Kind und seine Entwicklung, aber auch psychische Probleme richtig zu verstehen, sind daher im Rahmen der Diagnostik auch Informationen zur Familie notwendig, wichtig und hilfreich. Diese Informationen beziehen sich unter anderem auf die Erziehung eines Kindes, das familiäre Miteinander, familiäre Strukturen und Abläufe, die Berufstätigkeit der Eltern oder auch gesundheitliche Beschwerden. Den Fachleuten hilft es, wenn die diagnostischen Fragen hierzu von Ihnen als Eltern offen beantwortet und nicht missverstanden werden. Es geht darum, die Lage eines Kindes genau einzuschätzen und damit eine möglichst gute Grundlage für die angemessene Hilfe zu gewinnen. Es sollte sicherlich nicht darum gehen, einen Schuldigen auszumachen oder gar um die Neugier des Diagnostikers. Selbstverständliche und gesetzlich zugesicherte Grundlage von Diagnostik und Therapie ist die ärztlich-therapeutische Schweigepflicht.

Diagnostisches Gespräch mit dem Kind beziehungsweise dem Jugendlichen: Neben den Angaben der Eltern sind die Angaben des Kindes eine wichtige Säule der Diagnostik. Je nach Alter wird sich der Experte dem Kind eher spielerisch nähern und es so kennenlernen oder bei älteren Schulkindern oder Jugendlichen auch gezieltere Fragen stellen und ein systematischeres Gespräch führen. Neben dem Sammeln von Informationen, um das Kind und seine Probleme besser zu verstehen, geht es auch darum, „einen Draht" zu dem Kind zu bekommen, eine vertrauensvolle Beziehung aufzubauen, die für eine Therapie von zentraler Bedeutung ist. Die Frage, ob depressive Kinder und Jugendliche Selbstmordgedanken oder -absichten haben, sollte von fachlicher Seite immer geprüft werden.

Fragebögen: Das Gespräch mit dem Kind und seinen Eltern und das Kennenlernen der Beteiligten ist die wichtigste Basis in der Diagnostik. Darüber hinaus ist es sinnvoll, bestimmte Informationen ergänzend mithilfe von Fragebögen zu gewinnen. Fragebögen gibt es zu vielen kindlichen Entwicklungsbereichen, psychischen Störungen und Verhaltensauffälligkeiten, es gibt sie in Versionen für Eltern, ältere Kinder und auch weitere Bezugspersonen, zum Beispiel Lehrer. Meistens werden die Fragebögen von den Kindern (wenn sie alt genug dazu sind) oder den Erwachsenen selbstständig bearbeitet. Sie werden in den Fragebögen in der Regel dazu aufgefordert, das Vorhandensein oder das Ausmaß möglicher Probleme oder Symptome einzuschätzen. Im **Kasten 3** sind einige Beispielfragen und ihre mögliche Beantwortung aus gängigen Fragebögen zusammengestellt. Eine Auswertung entsprechender Fragebögen und sinnvolle Einschätzung der Ergebnisse kann nur durch Experten erfolgen.

Fragebögen helfen dem Diagnostiker, die Ausprägung bestimmter Symptome und Probleme genauer zu beschreiben und diese mit der durchschnittlichen Entwicklung und Gesundheit von Kindern zu vergleichen. Vielleicht werden auch noch weitere Probleme oder Symptome bekannt, die bisher, aus welchen Gründen auch immer, noch nicht besprochen worden sind. Die Ergebnisse müssen immer vom Experten bewertet werden. Nur anhand der Ergebnisse

> **Kasten 3: Beispiele aus Fragebögen, die Depressivität bei Kindern und Jugendlichen erfassen (siehe im Detail auch Groen & Petermann, 2011)**
>
> **Depressionsinventar für Kinder und Jugendliche**
> „Mach ein Kreuz vor den Satz, der dich am besten beschreibt."
> - „Ich habe an vielen Dingen Freude."
>   „Ich habe nur an einigen Dingen Freude."
>   „Ich kann mich über nichts richtig freuen."
> - „Ich könnte die ganze Zeit weinen."
>   „Ich könnte in der letzten Zeit oft weinen."
>   „Mir ist nur manchmal nach Weinen zumute."
>
> **Depressionstest für Kinder**
> „Ja" oder „Nein"
> - „Bist du oft unglücklich?"
> - „Denkst du oft, dass andere Kinder besser sind als du?"
> - „Macht dir die Schule Spaß?"
> - „Weinst du oft?"
> - „Schämst du dich oft?"
>
> **Allgemeine Depressionsskala**
> „Während der vergangenen Woche ...
> - ... haben mich Dinge beunruhigt, die mir sonst nichts ausmachen."
> - ... hatte ich kaum Appetit."
> - ... fühlte ich mich einsam."
> - ... konnte ich mich zu nichts aufraffen."
> - ... habe ich das Leben genossen."
>
> „Selten", „manchmal", „öfter" oder „meistens"

von Fragebögen allein können und sollten keine Diagnosen gestellt werden. Ergebnisse von Fragebögen sind für Fehler nicht unanfällig; so kann zum Beispiel die Einschätzung von Problemen bei verschiedenen Kindern oder Eltern unterschiedlich sein und ist somit nicht immer hundertprozentig vergleichbar.

Tests: Die wohl bekanntesten und wichtigsten psychologischen Tests sind so genannte Intelligenztests. Sie sind zur Gesamteinschätzung der Entwicklung und psychischen Befindlichkeit eines Kindes wichtig. Gute und aussagekräftige Intelligenztests prüfen die Lern- und Leistungsmöglichkeiten eines Kindes und decken dabei verschiedene Leistungsbereiche ab. So bearbeitet ein Kind zum Beispiel Fragen und Aufgaben zu seinem Sprachverständnis, zum Erkennen von logischen Zusammenhängen, zu rechnerischen Kompetenzen, seiner räumlichen Vorstellungskraft, Merkfähigkeit oder Denkgeschwindigkeit. Dies sollte möglichst so geschehen, dass seine optimale Leistungsfähigkeit zu erkennen und zu „messen" ist. Das Gesamtabschneiden eines Kindes wird in einem Kennwert zusammengefasst, der als *Intelligenzquotient* (*IQ*) bezeichnet wird. Er beschreibt den Vergleich zu anderen Kindern der jeweiligen Altersgruppe und ermöglicht eine Einordnung in das jeweilige Leistungsspektrum. Ein IQ von 100 ist dabei ein durchschnittliches Ergebnis und steht für durchschnittliche Lern- und Leistungsmöglichkeiten eines Kindes. Die in der Praxis am häufigsten verwendeten Tests liefern in der Regel recht zuverlässige Ergebnisse. Aber auch die Ergebnisse eines Intelligenztests sind fehleranfällig, sie hängen zu einem gewissen Teil auch vom Aufbau des jeweiligen Tests, der Motivation und Tagesform des Kindes, den Einflüssen des Untersuchers und so weiter ab. Und selbstverständlich bildet ein IQ-Wert nicht ganz genau die Intelligenz eines Menschen ab. Er ermöglicht aber eine gute und recht standardisierte Einschätzung darüber, dass die Intelligenz mit einer gewissen Wahrscheinlichkeit in einem bestimmten Bereich liegt. Auch die Ergebnisse eines Intelligenztests müssen wieder eingeordnet und mit anderen Informationen (zum Beispiel den Schulzeugnissen, den Eindrücken beim Bearbeiten des Tests, den Einschätzungen der Lehrkraft) verglichen werden. Die Durchführung eines Intelligenztests kann zum Beispiel sinnvoll und nötig sein, um zu prüfen, ob ein Kind eventuell in der Schule überfordert ist oder ob es angemessen beschult wird. Und das Ergebnis kann helfen, das der Intelligenz des Kindes angemessene Sprachniveau in der Beratung und Therapie zu finden. Außerdem können die Gesundheitsexperten auch aus der reinen Beobachtung des Kindes bei der Testbearbeitung wichtige Erkenntnisse ziehen (zum Beispiel wie selbstbewusst, motiviert oder verzagt es an die Aufgaben herangeht, wie leicht es abgelenkt ist, wie es sich selbst strukturiert).

Verhaltensbeobachtung: Neben den Informationen, die der Experte im Rahmen eines diagnostischen Gesprächs oder auch durch einen Fragebogen gewinnt, vermittelt die Beobachtung eines Kindes wichtige Eindrücke. Die Beobachtung kann in der normalen Gesprächssituation erfolgen, beim Spielen oder vielleicht auch in einer vom Diagnostiker vorbereiteten Situation oder Aufgabe. Sie kann darüber Auskunft geben, wie ein Kind mit anderen umgeht, wie offen und neugierig es ist, in welcher Stimmung es gerade ist oder wie es Stress bewältigt. Auch das Miteinander der Familie, die Kommunikation der einzelnen Familienmitglieder miteinander kann im Rahmen einer Verhaltensbeobachtung wichtige Informationen liefern.

Befragung anderer Bezugspersonen: Um einen aussagekräftigen diagnostischen Gesamteindruck zu bekommen, ist es auch hilfreich, weitere Bezugspersonen zu befragen, die das Kind aus anderen Lebensbereichen kennen. Dies sind in der Regel Lehrer oder Erzieher, die regelmäßigen Kontakt mit dem Kind in Kindergarten und Schule haben. Sie können wichtige Auskünfte, etwa über das Sozial- und Arbeitsverhalten und mögliche Probleme, Auffälligkeiten und Veränderungen geben. Kindergarten und Schule sind wichtige Lebensbereiche eines Kindes. Stärken und Probleme können sich hier noch mal ganz anders zeigen als zu Hause und sind ebenso bedeutsam für die diagnostische Einschätzung und gegebenenfalls die weiterführende Beratung und Therapie. Auskünfte von Lehrkräften und Erziehern können vom Experten durch ein persönliches Gespräch, etwa ein Telefonat, oder mithilfe von Fragebögen, die verschickt oder durch die Eltern weitergegeben werden, eingeholt werden. Natürlich ist es dabei eine notwenige Voraussetzung, dass der Experte vorher die sorgeberechtigten Eltern informiert und ihr ausdrückliches Einverständnis dafür einholt! Auch sollten die gesammelten Informationen mit der Familie besprochen werden. Darüber hinaus kann auch das Einbeziehen anderer Bezugspersonen, gegebenenfalls weiterer Verwandter (zum Beispiel Großeltern) oder anderer fachlicher Stellen (wie zum Beispiel Jugendamt, Ergotherapie, Schulpsychologe, ein anderer Facharzt) sinnvoll und hilfreich sein. Natürlich sollte und darf auch dies immer nur in Absprache mit Ihnen als erziehungsberechtigten Eltern erfolgen.

Schriftliche Unterlagen und Aufzeichnungen: Eine wichtige Ergänzung zur Diagnostik eines Kindes sind Unterlagen und Aufzeichnungen, die der Familie vorliegen. Dies sind Schulzeugnisse, Kindergartenberichte, das gelbe Vorsorgeheft, Berichte über Vorbehandlungen oder frühere Untersuchungen.

Ausschlussdiagnostik und körperliche Diagnostik: Bei der Bewertung möglicher Symptome einer Depression oder anderer psychischer Störungen ist es wichtig, auch mögliche Ursachen der Auffälligkeiten zu prüfen. So müssen starke Traurigkeit, Müdigkeit und Lustlosigkeit nicht automatisch bedeuten, dass ein Kind unter einer Depression leidet. Psychische Symptome können auch einen ganz anderen Ursprung haben. Die Diagnostik sollte daher auch mögliche andere Ursachen für die Symptome prüfen bzw. ausschließen. Bestimmte depressive Symptome können manchmal auch durch körperliche Ursachen erklärt werden. Müdigkeit, Lustlosigkeit und Antriebslosigkeit könnten zum Beispiel auf eine Schilddrüsenfehlfunktion, Mangelzustände, die Nebenwirkung von Medikamenten oder auch den Einfluss von Drogen zurückzuführen sein. Auch können bestimmte Eigenarten der Lebensführung eines Kindes oder Jugendlichen eine wichtige Rolle spielen. So können zum Beispiel ein sehr hoher Medienkonsum oder wenig Schlaf zu Konzentrationsstörungen oder gar Stimmungsschwankungen beitragen. Des Weiteren kann es Umstände im Leben eines Kindes geben, in denen Symptome einer Depression wie Traurigkeit und Rückzug nicht Ausdruck einer psychischen Störung oder körperlichen Erkrankung sind, sondern angemessene Reaktionen auf bestimmte Ereignisse oder Belastungen darstellen, wie zum Beispiel im Fall von Trauer nach dem Tod einer nahen Bezugsperson.

Am vorläufigen Ende der geschilderten Diagnostik bzw. Informationssammlung kann in der Regel eine bestimmte Diagnose gestellt oder natürlich auch ausgeschlossen werden. Der Experte prüft und bewertet zusammenfassend alle Angaben und Ergebnisse. Er kommt zu einer Schlussfolgerung darüber, ob und welche psychische Störung vorliegt. Er wird sich auch darüber einen genaueren Eindruck verschafft haben, wie und vor welchem Hintergrund die Probleme entstanden sind und wie die Symptome zu erklären sind. So sollte er gut beurteilen können, welche Form der Beratung, Therapie und Förderung für das Kind und seine Familie sinnvoll und hilfreich ist. All diese Überlegungen sollten in Ruhe mit der Familie besprochen werden.

Verbreitung, Verlauf und Folgen von Depressionen

Depressionen zählen zu den häufigen psychischen Störungen im Kindes- und Jugendalter (wie auch im Erwachsenenalter). Bei vielen Kindern und Jugendlichen bleibt es bei vorübergehenden depressiven Phasen. Bei anderen bleiben die Probleme und Beschwerden jedoch länger bestehen oder treten im Verlauf des Lebens wiederholt auf. In diesem Kapitel möchten wir einen Überblick über die Verbreitung und den Verlauf depressiver Störungen bei Kindern und Jugendlichen geben. Dabei gehen wir auf diese Fragen ein: Wie viele Kinder und Jugendliche sind depressiv? Wie verläuft eine Depression typischerweise? Welche Konsequenzen hat eine Depression für Kinder und Jugendliche und ihre Entwicklung?

Häufigkeit von Depressionen

Für das Erwachsenenalter wird davon ausgegangen, dass aktuell etwa fünf Prozent aller Menschen unter Depressionen leiden. Bei einer Einwohnerzahl von über 82,5 Millionen Menschen in Deutschland heißt das, dass über vier Millionen Menschen betroffen sind. Auf das ganze Leben bezogen erleiden etwa 15 bis 20 Prozent aller Erwachsenen irgendwann einmal eine ernsthafte depressive Phase. Für diese Schätzungen liegen mittlerweile recht viele Ergebnisse aus größeren wissenschaftlichen Studien vor.

Auch für das Kindes- und Jugendalter existieren immer genauere Schätzungen. In jedem Alter können ernst zu nehmende depressive Stimmungszustände auftreten, sowohl bei Jugendlichen als auch bei Grundschul- und schon Kleinkindern. Besonders Jugendliche sind häufiger von ernsthaften Stimmungsproblemen betroffen, die in ihrem Ausmaß den Kriterien einer Depression entsprechen. Es wird hier von nahezu ähnlichen Zahlen wie im Erwachsenenalter ausgegangen. Das heißt, dass auch unter Jugendlichen etwa zwei bis vier Prozent beziehungsweise jeder 25. bis 50. von einer Depression betroffen ist. Bis zum Eintritt ins Erwachsenenalter erlebt mindestens jeder zehnte Jugendliche (10 %)

mindestens eine depressive Episode. Vor allem mit Beginn der Pubertät scheinen Depressionen zuzunehmen. Aber auch vor der Pubertät können Kinder, neben anderen psychischen Störungen und Verhaltensauffälligkeiten, von depressiven Störungen betroffen sein, wenn auch seltener. Die Häufigkeit wird in dieser Altersgruppe auf etwa ein bis zwei Prozent geschätzt.

Werden Depressionen häufiger?

Einige Studienergebnisse und Statistiken deuten darauf hin, dass psychische Störungen insgesamt, und auch Depressionen, unter Kindern und Jugendlichen ebenso wie bei Erwachsenen zugenommen haben. Für die vergangenen Jahre und Jahrzehnte wurden tendenziell höhere Auftretenshäufigkeiten depressiver Störungen für nachfolgende Geburtsjahrgänge festgestellt. Ebenso lässt sich eine Tendenz beobachten, dass Depressionen immer früher im Leben der Betroffenen auftreten. Ob das dafür spricht, dass Depressionen tatsächlich häufiger auftreten, lässt sich nicht mit letzter Gewissheit sagen. Ein gewisser Teil dieser Ergebnisse mag auch darauf beruhen, dass Depressionen heute häufiger erkannt und als solche benannt werden. Mittlerweile existieren eine höhere Aufmerksamkeit und ein stärkeres Bewusstsein für psychische Probleme bei Kindern und Jugendlichen. Ebenso gibt es mehr Wissen darüber und mehr spezialisierte Fachleute. Naheliegenderweise werden dann psychische Störungen eher festgestellt und die gemessenen Häufigkeiten nehmen zu. Einiges spricht aber auch dafür, dass Kinder und Jugendliche tatsächlich häufiger unter psychischen Problemen leiden und dies auch mit verschiedenen gesellschaftlichen Veränderungen und Belastungen zusammenhängt (vgl. auch S. 89 f.). Nach Einschätzung der Weltgesundheitsorganisation gehören Depressionen in den westlichen Industrienationen, auch unter Berücksichtigung aller körperlichen Krankheiten, zu den schwerwiegendsten gesundheitlichen Beeinträchtigungen überhaupt. Noch mehr als alle anderen körperlichen und psychischen Krankheiten beeinträchtigt eine Depression demnach das Leben der Menschen – und das in einem zunehmenden Ausmaß.

Unterschiede bei Mädchen und Jungen

Für Erwachsene wird angenommen, dass etwa doppelt so viele Frauen wie Männer von Depressionen betroffen sind. Dieser Geschlechtsunterschied scheint ab der Pubertät aufzutreten. Während im Grundschulalter Mädchen und Jungen etwa gleich häufig unter depressiven Störungen leiden, scheinen ab dem Alter von etwa zwölf bis 15 Jahren Mädchen unter den Betroffenen zu überwiegen. Ein Unterschied zwischen Jungen und Mädchen zeigt sich auch für andere psychische Auffälligkeiten. Während Mädchen tendenziell neben Depressionen auch zu Angstsymptomen neigen, zeigen sich bei Jungen eher Verhaltensauffälligkeiten, wie ausgeprägt trotziges, aggressives und hyperaktives Verhalten. Trotzdem können Jungen natürlich ebenso wie Mädchen Ängste und Depressionen aufweisen, genauso wie bei Mädchen aggressive Verhaltensstörungen auftreten. Warum sich aber psychische Probleme bei Mädchen zumindest im Jugendalter häufiger in depressiven Stimmungszuständen und anderen emotionalen Störungen äußern, wird in diesem Buch noch besprochen.

Verlauf, Begleiterscheinungen und Folgen depressiver Störungen

Ebenso vielfältig wie ihr Erscheinungsbild ist, kann eine Depression im Einzelfall auch ganz unterschiedlich verlaufen. Eine depressive Phase kann bei einem Kind nach wenigen Wochen vorbei sein, bei einem anderen kann sie sich auch über viele Monate bis Jahre hinziehen. Bei vielen Kindern und Jugendlichen sind depressive Störungen von überschaubarer Dauer. Sie können jedoch auch lange anhalten und zu einem Langzeitrisiko werden. Die durchschnittliche Dauer depressiver Phasen bei Kindern und Jugendlichen liegt nach wissenschaftlichen Studien zwischen einigen Monaten und einem Dreivierteljahr. Die depressiven Episoden dauern im Mittel nicht ganz so lange wie bei Erwachsenen an. Aber auch wenn es vielen betroffenen Jugendlichen nach einer gewissen Zeit oft wieder besser geht, kommt es bei vielen zu weiteren depressiven Phasen im Lebensverlauf. Eine Depression kann also ein dauerhaftes Gesundheitsrisiko bedeuten. Kinder und Jugendliche, die einmal depressiv waren, haben ein höheres Risiko, auch im späteren Leben unter wiederkehrenden Depressionen zu leiden. Das heißt natürlich nicht, dass Kinder und Jugendliche mit depressiven Stimmungszuständen nicht wieder ganz gesund werden können – bei vielen trifft dies zu. Aber in vielen Fällen sind auch länger angelegte Hilfen und eine bleibende Wachsamkeit notwendig, was die Krankheitsanzeichen angeht, aber auch die Lebensumstände der jungen Menschen.

Eine Depression macht sich in der Regel in vielen Lebensbereichen bemerkbar und hat erhebliche Auswirkungen auf den Alltag. Dabei lassen sich Folgen nicht immer ganz klar von möglichen Ursachen und Risiken unterscheiden, die unter Umständen bereits vor der Depression bestanden haben.

In einer Depression fühlen sich die betroffenen Kinder und Jugendlichen oft mutlos, hilflos und verzweifelt. Ihnen fehlt es häufig an Selbstvertrauen und

Antrieb, Interessen nachzugehen, andere zu treffen und Aufgaben zu bewältigen. Dadurch ziehen sie sich oft zurück und haben wenige enge und befriedigende Kontakte zu Gleichaltrigen. Sie haben mehr Probleme in der Schule, können sich schlechter konzentrieren und zeigen schlechtere Leistungen. Sie neigen häufiger zu körperlichen Beschwerden, wie Kopfschmerzen oder Bauchweh. Depressive Kinder und Jugendliche tragen auch ein größeres Risiko, an weiteren psychischen Störungen zu leiden. Andere psychische Störungen können bereits vor einer Depression bestanden haben, zeitgleich oder auch infolge einer Depression auftreten. Hierzu zählen zum Beispiel Angst- und Essstörungen. Eine weitere schwerwiegende und für alle Beteiligten oft sehr bedrohliche Komplikation sind Suizidgedanken oder tatsächliche Suizidversuche. Auf beide Punkte – weitere psychische Störungen neben der Depression und Suizidalität – möchten wir noch gesondert eingehen.

Eine andere wichtige Frage ist, ob depressive Kinder und Jugendliche auch zu depressiven Erwachsenen werden. Natürlich muss das nicht so sein, aber das Risiko ist tatsächlich erhöht. Statistisch häufiger als „unauffällige" Gleichaltrige leiden Kinder und Jugendliche mit depressiven Störungen auch später im Leben unter Depressionen. Sie haben als Erwachsene häufiger auch andere ernsthafte psychische Probleme und haben Schwierigkeiten in Beruf oder Partnerschaft. Dies belegen mittlerweile einige auf lange Zeit angelegte Studien, die ursprünglich depressive Kinder und Jugendliche bis ins Erwachsenenalter begleitet haben. Wie wir bereits bemerkt haben, zeigen sich diese Entwicklungen natürlich lange nicht in jedem Fall. Aber es unterstreicht noch mal, wie bedeutsam die Früherkennung depressiver Störungen und längerfristig angelegte Hilfen sind, aber auch die Gestaltung förderlicher Lebensbedingungen junger Menschen.

Depressionen und andere psychische Störungen

Kinder und Jugendliche, die depressiv sind, leiden nicht selten auch unter anderen psychischen Störungen. Dieses gleichzeitige Auftreten verschiedener psychischer Störungen und Erkrankungen wird in der Fachsprache als Komorbidität bezeichnet. Offenbar sind sogar weniger Kinder und Jugendliche ausschließlich depressiv, die Mehrzahl leidet neben der Depression auch unter anderen psychischen Störungen. Das hat verschiedene Gründe: Zum einen sind Kinder und Jugendliche mit psychischen Problemen oft vielen Belastungen ausgesetzt, wie etwa besonderen Lebensumständen, familiären Belastungen und auch persönlichen Handicaps. Diese Belastungen und Risiken können neben einer Depression auch zu anderen psychischen Problemen führen. Zum anderen können sich unterschiedliche psychische Störungen auch gegenseitig begünstigen. Zum Beispiel können eine ausgeprägte soziale Angst und Schüchternheit dazu führen, dass ein Kind sich immer mehr zurückzieht, häufiger allein und unzufrieden ist, sich zunehmend trauriger fühlt und auf diesem Weg eine Depression entwickelt. Ein anderes Beispiel wäre ein depressiver Teenager, der sehr unter seiner Traurigkeit und Antriebslosigkeit und vielen Sorgen leidet und versucht, sich mit Alkohol oder Drogen davon „abzulenken". Einige häufige psychische Störungen und Verhaltensauffälligkeiten bei Kindern und Jugendlichen und ihren möglichen Zusammenhang zu Depressionen wollen wir im Folgenden kurz beschreiben. In vielen Fällen können psychische Probleme und Auffälligkeiten von Kindern und Jugendlichen als ein Versuch gesehen werden, besondere Belastungen im Leben zu bewältigen und mit den Anforderungen der Entwicklung oder auch Besonderheiten der eigenen Person umzugehen.

Ängste und Angststörungen

Kinder und Jugendliche können durch eine ganze Reihe von Ängsten belastet werden. Auch Angst ist grundsätzlich ein altes und wichtiges Gefühl in der Menschheitsgeschichte. Es hat die eigentliche Aufgabe, uns vor Gefahren zu warnen und zu schützen. Es versetzt den Körper in Alarmbereitschaft und aktiviert die Wahrnehmung und Bereitschaft zu reagieren. Ängste können jedoch ohne „eigentlichen" Anlass immer größer werden, die Angst kann anfangen, das Leben von Kindern und Jugendlichen zu bestimmen, und zu Leid und alltäglichen Beeinträchtigungen führen, sodass man von einer Angststörung spricht.

Kinder, die unter ausgeprägten *Trennungsängsten* leiden, empfinden große und übertriebene Sorge, dass ihren Eltern oder ihrer Familie etwas zustoßen könnte. Sie befürchten auch, dass irgendetwas sie selbst von ihrer Familie trennen könnte, und wollen daher in der Nähe ihrer Familie bleiben, fürchten sich, allein zu sein und vor dem Besuch des Kindergartens oder der Schule, sie wollen abends nicht allein ins Bett und versichern sich oft, dass ihre Eltern noch da sind und alles in Ordnung ist. Oft kommt es zu körperlichen Begleiterscheinungen wie Bauchweh, Kopfschmerzen und Übelkeit.

Kinder und Jugendliche mit einer sogenannten *sozialen Phobie* haben starke Angst davor, im Mittelpunkt der Aufmerksamkeit zu stehen. Sie trauen sich nicht andere Leute anzusprechen, sich im Unterricht zu melden oder ein Referat vorzutragen. Sie schämen sich, sind im Umgang mit anderen, vor allem unbekannten Menschen sehr schüchtern, befürchten, sich zu blamieren, und denken, dass etwas Peinliches passiert. Diese Befürchtungen können so stark sein, dass betroffene Kinder und Jugendliche soziale Kontakte vermeiden. Sie tun alles, um zum Beispiel nicht allein einkaufen oder jemanden fragen zu müssen, oder haben starke Angst, sich im Unterricht zu beteiligen oder ein Referat zu halten, und trauen sich schließlich gar nicht mehr in die Schule.

Einfache oder auch *spezifische Phobien* stellen starke Ängste vor ganz bestimmten Dingen oder Begebenheiten dar, zum Beispiel vor Hunden oder Spinnen, vor Dunkelheit oder Gewitter, vor Höhen oder engen Räumen, vor Spritzen oder vor dem Zahnarztbesuch. Betroffene Kinder und Jugendliche können panische Angst vor diesen Dingen entwickeln und tun dann fast alles, um sie zu vermeiden.

Die sogenannte *generalisierte Angststörung* bezieht sich auf extreme Ängste, die sich nicht auf bestimmte einzelne Dinge oder Anlässe beschränken. Typisch sind vielmehr eine starke Angst und extreme Sorge in Bezug auf viele und auch wechselnde Dinge, zum Beispiel Krankheiten, Unfälle oder schulische Misserfolge. Kinder mit generalisierten Ängsten kommen kaum zur Ruhe, sind oft sehr angespannt und erschöpft, können schlecht schlafen und haben Konzentrationsprobleme.

Angst und Traurigkeit sind in gewisser Weise eng verwandte Gefühle. Angststörungen und depressive Verstimmungen sind bei Kindern und Jugendlichen oft miteinander verknüpft. Das kann verschiedene Hintergründe haben. Betroffene Kinder haben oft ein bestimmtes Temperament. Sie sind eher zurückhaltend und gehemmter, besorgter und vorsichtiger. Sie werden durch negative Dinge eher beunruhigt, können nicht so schnell getröstet werden. Auf schöne Dinge reagieren sie nicht so schnell mit Freude und Glück. Sie verfügen über weniger Möglichkeiten, negative Gefühle zu regulieren, etwa dadurch, dass sie sich ablenken, optimistisch bleiben, an etwas Schönes denken, irgendetwas Nettes unternehmen oder andere um Hilfe bitten. Sie steigern sich eher in Sorgen hinein und denken viel darüber nach, was alles passieren und schiefgehen könnte. Diese Temperamentsmerkmale von Kindern und ihre besondere Art und Weise, mit negativen Gefühlen umzugehen, können sowohl Ängste als auch Depressionen begünstigen. Ebenso können starke Ängste den Aktionsradius von Kindern einschränken und zu weniger Spaß und Erfolgen mit Gleichaltrigen, in der Freizeit oder in der Schule und auf diesem Wege zu zunehmender Traurigkeit führen. Diese Eigenarten und Verletzlichkeiten der Kinder sind nicht als Schwächen oder gar Fehler anzusehen. Es ist immer davon auszugehen, dass sich Kinder sehr bemühen, jedoch ihre Möglichkeiten beschränkt oder auch andere Belastungen zu groß sind. Fast immer sind es besondere Benachteiligungen, Belastungen und Erfahrungen im Leben der Kinder, die vor dem Hintergrund der jeweiligen Eigenarten zu psychischen Problemen, Ängsten und Stimmungstiefs führen. Besonders wenn ein Kind traumatisierende Erfahrungen gemacht hat, wiederholte oder einschneidende Beziehungsabbrüche oder andere negative und unvorhersehbare Dinge erlebt hat, sind Angst und Traurigkeit häufige Folgen.

Essstörungen

Die *Anorexie* (Magersucht) und die *Bulimie* (Ess-Brech-Sucht) sind typische Essstörungen. Jugendliche, in der deutlichen Mehrzahl Mädchen, mit Essstörungen sind zutiefst unzufrieden mit ihrem Körper und ihrer Figur. Oft streben sie einem übertrieben schlanken Schönheitsideal nach, das von den Medien oder oft auch vom sozialen Umfeld vorgegeben wird. Sie haben große Angst davor, an Gewicht zuzunehmen, und fühlen sich, selbst bei Untergewicht, viel zu dick. Das gesamte Denken kreist um die eigene Figur, das Gewicht und um das Thema Essen. Jugendliche mit Anorexie ernähren sich völlig unzureichend. Neben einer stark übertriebenen Diät und der Vermeidung vieler Speisen ergreifen sie oft andere Maßnahmen, um nicht zuzunehmen. Sie treiben übertrieben viel Sport, nehmen appetitzügelnde Medikamente oder Abführmittel. Sie haben deutliches, oft gefährliches Untergewicht, das zu körperlichen Mangelerscheinungen (häufig unter anderem das Ausbleiben der Menstruation) und Folgeschäden und dadurch auf längere Sicht sogar zum Tod führen kann.

Typische Kennzeichen der Bulimie sind häufige Anfälle von unkontrolliertem Heißhunger („Fressattacken") und dem anschließenden, oft selbst herbeigeführtem Erbrechen, was ebenso zu starken gesundheitlichen Problemen führen kann. Die ausgeprägte Unzufriedenheit mit dem eigenen Körper und die Angst davor, zuzunehmen, führen nicht selten zu einem Teufelskreis aus Hungern, Essanfällen und Erbrechen (Verbeek & Petermann, 2015).

Sowohl Essstörungen als auch Depressionen betreffen oft Mädchen in der Pubertät. Beiden Störungen liegt oft eine starke Unzufriedenheit mit der eigenen Person und ein gering ausgeprägtes Selbstbewusstsein zugrunde sowie ein Ringen mit Entwicklungsaufgaben, die in der Jugend anstehen. Zu diesen Herausforderungen gehört es zum Beispiel, die körperlichen Veränderungen der Pubertät anzunehmen und mehr Selbstständigkeit und Unabhängigkeit von den Eltern zu entwickeln. Oft erschweren bestimmte familiäre Belastungen oder familiäre Kommunikationsprobleme und Rollenverteilungen die Entwicklung.

Weiter verbreitet als Anorexie und Bulimie ist das Übergewicht, das im eigentlichen Sinn keine Essstörung darstellt. Wenn Übergewicht ein gewisses Maß erreicht hat, wird es als *Adipositas* bezeichnet. Neue Studien zeigen das alarmierende Ergebnis, dass immer mehr Kinder und Jugendliche adipös und damit zu dick sind. Adipositas kann viele und erhebliche Folgen für die körperliche Gesundheit von Kindern und Jugendlichen haben, wie zum Beispiel Rücken- und Gelenkbeschwerden, Herz- und Kreislaufprobleme sowie Stoffwechselstörungen, zum Beispiel Diabetes. Die Lebenserwartung adipöser Menschen ist geringer als die normalgewichtiger. Neben den körperlichen Folgen kann sich starkes Übergewicht auch auf die psychische Entwicklung von Kindern auswirken und zu depressiven Stimmungszuständen beitragen. Es besteht die Gefahr, dass adipöse Jungen und Mädchen, auch vor dem Hintergrund des gesellschaftlich geprägten Schönheitsideals, von Gleichaltrigen häufiger abgelehnt werden und bei anderen nicht so beliebt sind und sich auch selber schlechter fühlen. Ernsthaftes Übergewicht sollte bei Kindern und Jugendlichen immer möglichst früh angesprochen werden.

Störungen des Sozialverhaltens

Als Störungen des Sozialverhaltens werden Verhaltensauffälligkeiten bezeichnet, die durch ausgeprägt trotziges und aggressives Verhalten gekennzeichnet sind. Betroffene Kinder und Jugendliche haben Schwierigkeiten, Regeln einzuhalten und Grenzen zu respektieren, werden schnell wütend, fühlen sich ungerecht behandelt und reagieren mit Schimpfen und Schlagen. Im Jugendalter kann es auch zu schweren Regelverstößen und kriminellen Handlungen kommen, die teilweise zusammen mit anderen auffälligen Jugendlichen in entsprechenden Cliquen begangen werden. Kinder, die sich sehr trotzig und aggressiv verhalten, geraten entsprechend schnell und häufig in Schwierigkeiten, haben Probleme mit Erwachsenen und mit Gleichaltrigen, werden von anderen häufiger abgelehnt und haben oft in der Schule weniger Erfolg. Als Folge können sich depressive Verstimmungen einstellen.

Wie schon bei den Symptomen von Depression beschrieben, können auch Traurigkeit, Reizbarkeit und Trotz eng zusammenhängende Gefühle sein, die bei Kindern im Wechsel auftreten. Stark ausgeprägte schlechte Laune (wie etwa bei einer Depression) kann sich insbesondere bei Kindern und Jugendlichen auch in Form von mürrischer, missmutiger und reizbarer Stimmung äußern, die in aggressives Verhalten umschlagen kann. In vielen Fällen liegen bestimmte familiäre Belastungen vor, auf die die Kinder traurig, gereizt oder aggressiv reagieren.

Aufmerksamkeitsstörungen und Hyperaktivität

Diese auch als *ADHS* (= Aufmerksamkeits-Defizit-Hyperaktivitäts-Störung) bezeichnete Diagnose kann eine Reihe von Verhaltensproblemen umfassen. Betroffene Kinder und Jugendliche sind sehr leicht ablenkbar und besonders unkonzentriert, können nicht lange bei einer Sache bleiben, scheinen nicht zuzuhören oder verlieren und vergessen sehr oft Dinge. Zusätzlich können sie oft besonders schlecht abwarten, sind sehr sprunghaft und impulsiv. Sie sind auch in ihren Bewegungen häufig sehr unruhig und viel in Bewegung, zappeln und sind hibbelig, können nicht lange still sitzen, laufen viel herum und spielen sehr laut. Im Einzelfall muss genau geklärt werden, ob diese Symptome im Sinne einer ADHS-Diagnose im Wesentlichen auf die angeborenen Eigenarten eines Kindes zurückzuführen sind oder aber auf andere Umstände im Leben und im Umfeld der Kinder. Auch bei sehr unruhigen, impulsiven und unkonzentrierten Kindern und Jugendlichen ist das Risiko groß, dass sie in der Schule Misserfolge und Konflikte erleben und eher von anderen Kindern abgelehnt werden. Dies kann wiederum dazu führen, dass sie sich nicht wohl in ihrer Haut fühlen, ein schlechtes Selbstbild entwickeln und zur Depression neigen.

Missbrauch von Alkohol und Drogen

Auch der häufige und schädliche Konsum von Alkohol, Nikotin und anderen Drogen kann auf verschiedene Weise mit depressiven Stimmungszuständen zusammenhängen. Alkohol und Drogen können für traurige, unsichere und unzufriedene Jugendliche einen Versuch darstellen, sich von Sorgen und negativen Stimmungen abzulenken, Ängste zu überwinden, Stress abzubauen und sich stärker, mutiger, selbstsicherer oder auch erwachsener zu fühlen. Dies ist ein trügerischer Versuch, der vor allem bei einer vorliegenden Depressivität zu mehr Problemen führt, zum Beispiel im zwischenmenschlichen Bereich, für die Gesundheit oder in der Schule oder Ausbildung. Ebenso wie Depressionen zum Missbrauch von Alkohol und Drogen beitragen können, kann häufiger Drogenkonsum wiederum Depressionen begünstigen oder verstärken.

Auch häufiges *Fernsehen, Spielen am Computer sowie Chatten oder Surfen im Internet* kann durchaus einen suchtähnlichen Charakter annehmen. Auch hier kann sich ein Teufelskreis einstellen, wenn Teenager täglich und stundenlang Medien konsumieren und sich immer mehr zurückziehen, einsam sind, Pflichten versäumen und in eine immer schlechtere Stimmung und Leere geraten, die sie letztendlich nur mit noch mehr Medien zu füllen wissen.

Medien gehören natürlich zum Leben dazu, und ihr selbstständiger Gebrauch gehört heute immer mehr selbstverständlich zum Erwachsenwerden dazu. Und natürlich sind Medien, ebenso wenig wie jeder Schluck Alkohol, nicht grundsätzlich zu verteufeln. Trotzdem ist beides, und hier kommt es auf das Ausmaß an, in seinem möglichen Schaden für die Entwicklung von Jugendlichen ernst zu nehmen und nicht zu unterschätzen – insbesondere bei psychisch belasteten Jugendlichen.

Suizidneigung

Der Selbstmord von jungen Menschen ist die denkbar tragischste Folge psychischer Belastungen. Insbesondere im Rahmen von depressiven Störungen ist das Risiko eines versuchten oder tatsächlichen Suizids vergleichbar hoch. Suizide gehören unter Jugendlichen und jungen Erwachsenen zu den häufigsten Todesursachen. Laut Statistischem Bundesamt nehmen sich in dieser Altersgruppe in jedem Jahr einige Hundert Menschen das Leben. Die Häufigkeit von Suizidversuchen bei Heranwachsenden ist noch um ein Vielfaches höher. Lebensmüde Gedanken kennen viele Jugendliche. Wir möchten die Gefahr eines Suizides nicht dramatisieren, die allermeisten depressiven Menschen nehmen sich nicht das Leben, allerdings ist das Risiko erhöht und damit auf jeden Fall insbesondere bei schwereren Fällen von allen Beteiligten ernst zu nehmen.

> „Ich habe einfach gedacht, warum soll ich mich jeden Tag noch so sehr quälen ... Es wäre doch für alle das Beste, wenn ich nicht mehr da bin ..."
>
> *Vanessa* (15 Jahre)

Eine Diagnostik von Depressionen bei Kindern und vor allem Jugendlichen sollte also auch immer eine systematische und genaue Abklärung von Suizidgedanken und -absichten mit einschließen. Auch Angehörige und Bezugspersonen sollten jede Äußerung eines Jugendlichen, aus der man eine Suizidneigung erkennen kann (siehe auch **Kasten 4**), ernst nehmen und sich im Zweifelsfall umgehend um professionelle Unterstützung bemühen.

Kasten 4: Risiken und Warnsignale einer Selbstmordneigung

Eine ausgeprägte depressive Symptomatik ist ein besonderes Risiko für eine erhöhte Suizidneigung. Eine Gefährdung ist auch bei einigen anderen psychischen Störungen, wie Persönlichkeitsstörungen und Psychosen, gegeben. Das Risiko ist außerdem erhöht, wenn der Jugendliche bereits in der Vergangenheit einen Selbstmordversuch unternommen hat, wenn er besonderen Belastungen ausgesetzt war oder ist, sozial isoliert ist und wenig Zuwendung und Unterstützung erfährt und wenn Suizide in der Familie oder im sonstigen sozialen Umfeld aufgetreten sind. Eine Gefährdung können auch akute Beziehungsprobleme und Trennungen, starke Überforderung, eine hohe Impulsivität oder auch der Alkohol- und Drogenmissbrauch eines Jugendlichen darstellen.

Warnsignale und Hinweise für eine Selbstmordneigung können unter anderem das Äußern von lebensmüden Gedanken oder Suizidabsichten sein, die starke Beschäftigung mit dem Thema Tod (oft auch im Internet), das Schreiben von Abschiedsbriefen oder das Verschenken wichtiger persönlicher Dinge, das Äußere

oder alltägliche Pflichten stark zu vernachlässigen, das Einbrechen schulischer Leistungen, eine deutliche Verhaltensveränderung oder wenn der Betroffene sehr in sich gekehrt und hoffnungslos scheint.
Im Zweifelsfall sollten Eltern sich um professionelle Hilfe kümmern und das Gespräch mit ihrem Kind suchen.

Warum werden Kinder und Jugendliche depressiv? Risiken und Erklärungen

Depressionen stellen ein vielschichtiges psychisches Problem dar. So wie sich eine Depression bei verschiedenen jungen Menschen unterschiedlich äußern kann, so vielfältig können im Einzelfall ihre Gründe und Ursachen sein. Die Entwicklung von seelischen Problemen und psychischen Auffälligkeiten unterliegt genauso wie die normale Entwicklung von Kindern vielen verschiedenen Einflüssen und den Wechselwirkungen dieser Einflüsse. Besondere Einflüsse entstammen dem sozialen Umfeld von Kindern, ihren psychischen Eigenarten und Besonderheiten sowie körperlichen Vorgängen. In diesem Kapitel werden wir wichtige Risiken für die Entstehung von depressiven Störungen bei Kindern und Jugendlichen vorstellen.

In aller Regel liegt einer Depression nicht *die eine*, klar abgrenzbare Ursache zugrunde. In fast allen Fällen liegen verschiedene Einflüsse vor. Die einzelnen Gründe können in ganz unterschiedlichen Bereichen zu suchen sein, zum Beispiel in familiär bedingten Schwierigkeiten, in der Persönlichkeit und dem Temperament eines Kindes oder in besonderem Stress und belastenden Erlebnissen und Erfahrungen. Da sich oft nicht genau sagen lässt, was genau die psychischen Schwierigkeiten ausgelöst hat, spricht man auch von sogenannten *Risikofaktoren*. Dies sind Faktoren, von denen aufgrund klinischer Erfahrungen und wissenschaftlicher Forschung anzunehmen ist, dass sie zur Entwicklung einer Depression beitragen *können*, das heißt die Wahrscheinlichkeit einer Depression erhöhen. All diese Faktoren verursachen nicht automatisch eine Depression oder führen in jedem Fall dazu. Schwere Belastungen und Schicksalsschläge, wie zum Beispiel der Tod eines nahen Verwandten oder die Diagnose einer schweren Krankheit, können bei einem Kind zu einer depressiven Entwicklung beitragen oder eine Depression auslösen. Bei einem anderen können sie zu einer anderen psychischen Störung führen. Und bei wieder einem anderen Kind kann die Belastung nach einer gewissen Zeit bewältigt werden oder sogar zur psychischen Reifung beitragen.

Bevor einzelne Risiken und mögliche Ursachen genauer beschrieben werden, werden einige grundlegende Überlegungen zur Entstehung und Entwicklung psychischer Störungen im Kindes- und Jugendalter und depressiver Störungen im Besonderen vorausgeschickt.

Was Kinder belastet und was Kinder stark macht

Um psychische Auffälligkeiten bei Kindern und Jugendlichen besser zu verstehen und zu erklären, eignet sich das *Konzept von Risiko- und Schutzfaktoren*. Dieses Konzept wird der Tatsache gerecht, dass psychische Probleme selten auf einzelne und einfache Gründe zurückzuführen sind, sondern in der Regel auf die Wirkung und das Zusammenspiel vieler Faktoren. Zur Veranschaulichung eignet sich die Vorstellung von einer Waage: Eine Waagschale beinhaltet mögliche Belastungen und Gefährdungen, die die psychische Entwicklung und das Wohlbefinden beeinträchtigen können. In der anderen Waagschale liegen Stärken und positive Aspekte, die die Entwicklung und das seelische Wohlbefinden fördern. Abhängig davon, wie die einzelnen Waagschalen gefüllt sind, ob Risiko- oder Schutzfaktoren überwiegen, kann die Entwicklung einen guten oder weniger guten Verlauf nehmen. Selbst viele und besondere Belastungen und Risiken können in ihren Auswirkungen durch Stärken abgefedert werden. Wenige oder kleinere Belastungen können sich allerdings möglicherweise stärker auf die psychische Gesundheit auswirken, wenn ihnen nur wenige Schutzfaktoren gegenüberstehen.

Risiko- und Schutzfaktoren können sich sowohl auf Eigenarten und Merkmale des Kindes als auch auf das soziale Umfeld und die Lebensbedingungen beziehen. So kann ein Kind eine eigene chronische Erkrankung, eine starke Schüchternheit, den Tod eines Angehörigen, die Trennung der Eltern oder die psychische Erkrankung eines Elternteils (als mögliche Risikofaktoren) wahrscheinlich besser bewältigen, wenn es viele Verwandte oder Freunde hat, die ihm zur Seite stehen, wenn es Interessen entwickelt hat und Freizeitaktivitäten nachgeht oder über eine grundsätzliche optimistische Lebenseinstellung (als Schutzfaktoren) verfügt.

Das Zusammenspiel von psychischer Entwicklung, Lebensumfeld und Körper

Bei der Entwicklung psychischer Probleme müssen die psychischen Eigenarten und Besonderheiten einer Person, ihr soziales Umfeld und ihre spezielle körperliche Konstitution betrachtet werden. Faktoren aus all diesen Bereichen und gegenseitige Wechselwirkungen können dazu beitragen, dass psychische Probleme entstehen und bestehen bleiben. Körperliche Faktoren können unter anderem die genetische Ausstattung eines Menschen sein, Besonderheiten des Hormonsystems oder auch chronische körperliche Erkrankungen. Psychische Eigenheiten umfassen zum Beispiel das Temperament eines Kindes, seine sozialen Fertigkeiten, seine Möglichkeiten, mit Problemen umzugehen, sowie seine Einstellungen, Werte und Haltungen. Die bei Kindern und Jugendlichen besonders wichtigen sozialen Faktoren beinhalten vor allem die Familie (das Verhältnis zu den Eltern und ihre Erziehung, Trennungen, Todesfälle, Gesundheit der Familienmitglieder, finanzielle Belastungen und so weiter), aber auch das weitere soziale Umfeld wie Freunde und Gleichaltrige, die Schule, das Wohnumfeld oder die Medien.

Risiken für Depressionen im Kindes- und Jugendalter

Im Folgenden möchten wir die wichtigsten Risikofaktoren und möglichen Ursachen für eine Depression bei Kindern und Jugendlichen beschreiben. **Kasten 5** gibt im Vorfeld einen Überblick.

Kasten 5: Mögliche Ursachen und Risiken für Depressionen in Kindheit und Jugend

Körperliche Faktoren
- genetische Veranlagung
- Funktionen und Aufbau des Gehirns
- Einflüsse des Hormonhaushaltes
- chronische körperliche Erkrankungen
- Einfluss von Suchtmitteln
- Nebenwirkungen von Medikamenten

Familiäre Faktoren
- Trennung und Scheidung der Eltern
- psychische Erkrankung eines Elternteils
- Erziehung und Bindungsangebot
- Verlust und Trauer
- soziale Benachteiligung

Eine Welt, die sich verändert
- unendliche Möglichkeiten
- vom Allgemeinen zum Besonderen
- steigender Einfluss von Medien und Werbung
- Veränderung familiärer Strukturen
- globale Bedrohungen und Krisen in der Politik

Kritische Lebensereignisse und Stress
- vielfältige Trennungserfahrungen
- Umzüge, Schulwechsel
- schulische Überforderung
- Streit und Ablehnung durch Gleichaltrige
- Entwicklungsübergänge (zum Beispiel Pubertät, Berufsfindung)

Persönlichkeit, Charakter und Eigenarten
- einseitig negative Wahrnehmungs- und Bewertungsmuster
- ungünstige Regulation von Emotionen
- unvorteilhafte Problemlösefertigkeiten
- mangelnde soziale Fertigkeiten
- Mangel an Interessen, Hobbys und Aktivitäten
- hoher Medienkonsum

Körperliche Faktoren

Können Kinder Depressionen erben?

Viele Studienergebnisse zeigen, dass Kinder mit depressiven Eltern ein größeres Risiko aufweisen, auch selber depressiv zu werden. Auch Kinder, deren Eltern unter anderen psychischen Problemen leiden, sind stärker gefährdet. Dies spricht jedoch nicht nur für eine Erblichkeit der Depression. Denn Familien, in denen ein Elternteil psychisch belastet oder erkrankt ist, sind einer Reihe ganz unterschiedlicher Belastungen ausgesetzt, die für die Kinder ein Risiko darstellen. Diese Familien benötigen oft besondere Unterstützung.

Es scheint darüber hinaus aber auch einen gewissen genetischen Aspekt bei der Entstehung depressiver Störungen zu geben. Bei eineiigen Zwillingen, die ein identisches Erbgut aufweisen, ist häufiger auch der jeweils andere Zwilling von einer Depression betroffen, als dies bei zweieiigen Zwillingen der Fall ist. Bisher liegen hierzu jedoch mehr Studien zu Erwachsenen als zu Kindern und Jugendlichen vor. Sehr wahrscheinlich sind auch nur bestimmte Formen der Depression genetisch mitbedingt. Weitgehend unklar ist auch, was genau vererbt wird, das letztendlich zu einer Depression führen könnte. Schließlich handelt es sich ja bei einer Depression um ein sehr vielschichtiges Phänomen. Ist in den Genen vielleicht eine Neigung verschlüsselt, negative Stimmungen schlechter regulieren zu können? Eine Tendenz, im Verhalten gehemmter zu sein oder bestimmte Signale im Gehirn anders zu verarbeiten oder weiterzuleiten? Diese Fragen können heute noch nicht genau beantwortet werden. Entsprechende Einflüsse sind aber denkbar, besonders in Form einer gewissen Veranlagung oder Verletzlichkeit, die dann in Verbindung mit anderen psychischen und sozialen Belastungen zu einer Depression beitragen kann. Sicher ist jedoch vor allem, dass für die Entwicklung von Kindern und Jugendlichen besonders ihr Lebensumfeld und alltägliche Erfahrungen von Bedeutung sind. Und dies sind letztendlich auch die Faktoren, die von Eltern, Erziehern und Lehrkräften, professionellen Helfern und Fachleuten verändert und positiv beeinflusst werden können.

Signale im Gehirn

Signale in Form kleinster elektrischer Impulse im Gehirn lenken unser Denken, Fühlen und Handeln. An den Schnittstellen (*Synapsen*) unserer Nervenzellen (*Neuronen*) werden diese Impulse durch chemische Botenstoffe (*Neurotransmitter*) weitergeleitet. Es wird davon ausgegangen, dass im Rahmen einer depressiven Entwicklung bestimmte Botenstoffe weniger vorhanden oder verfügbar sind und dadurch die Weiterleitung von Reizen beeinträchtigt ist. Insbesondere ein Mangel an Serotonin wird für die Entstehung und Aufrechterhaltung einer Depression mitverantwortlich gemacht. Aber auch anderen Botenstoffen (*Noradrenalin, Dopamin*) wird eine wichtige Rolle bei der Stimmungsregulation und somit bei der Entwicklung depressiver Symptome zugesprochen. Möglicherweise sind entsprechende Auffälligkeiten bei der Weiterleitung von Signalen im Gehirn genetisch mitbedingt. Möglicherweise sind sie aber auch erst Ausdruck, Begleiterscheinung oder Folge depressiver Symptome wie Traurigkeit oder Antriebslosigkeit. Auf jeden Fall zeigen die Beeinträchtigungen im Stoffwechsel der Neurotransmitter die umfassenden Auswirkungen und die vielen Ebenen einer Depression. Sie unterstreichen den engen, wechselseitigen Zusammenhang von Körper, Geist und Gefühlserleben. Mithilfe bestimmter Medikamente (*Antidepressiva*) wird versucht, den Hirnstoffwechsel und somit Stimmung und Antrieb positiv zu beeinflussen (siehe S. 134 f.).

Der Hormonhaushalt

Einen Einfluss auf Stimmung und Antrieb üben auch Schilddrüsenhormone aus. Eine Unterfunktion der Schilddrüse kann zu Müdigkeit, Lustlosigkeit und depressiver Stimmung führen, weshalb eine entsprechende körperliche Abklärung bei diesen Anzeichen sinnvoll ist.

Über einen komplexen und empfindlichen Regelkreis wird durch bestimmte Teile des Gehirns auch die Ausschüttung von Hormonen in der Nebennierenrinde gesteuert. Auf diesem Weg wird unter anderem die Ausschüttung von Stresshormonen (Steroide wie zum Beispiel *Kortisol*) reguliert. Diese Hormone führen unter Stress vorübergehend zu einer höheren Verfügbarkeit geistiger und körperlicher Kräfte und ermöglichen es, Stress besser zu bewältigen. Bei einigen depressiven Menschen zeigt sich, dass dieses Hormonsystem gestört ist und nicht mehr so wirkungsvoll arbeitet. Die Ausschüttung von Stresshormonen kann im Rahmen einer Depression aus der Balance geraten. Der Blutspiegel der entsprechenden Botenstoffe ist dauerhaft erhöht, führt aber nicht mehr zur besseren Bewältigung von Stress, sondern vielmehr zu Anspannung und Erschöpfung. Es wird vermutet, dass dieser Regelkreis durch besonders viele, lang anhaltende oder schwere Belastungen nachhaltig gestört bleiben kann. Dies kann auch im weiteren Leben zu einer höheren Empfindlichkeit gegenüber Stress führen. Es gibt mittlerweile einige Hinweise, dass bereits besonders großer Stress der Mutter während der Schwangerschaft Spuren in hormonellen Regelkreisen hinterlassen kann.

Auch die Beteiligung weiterer Hormone bei der Entstehung und Aufrechterhaltung depressiver Stimmungen ist möglich. Mögliche Stimmungsschwankungen von Frauen nach der Entbindung (*postpartale oder Wochenbettdepression*) oder im Rahmen des Menstruationszyklus (*prämenstruelles Syndrom*) legen den besonderen Einfluss hierbei beteiligter Hormone wie *Östrogen*, *Progesteron* oder *Prolaktin* nahe. Auch die Bedeutung des sogenannten Wachstumshormons wird diskutiert. Aussagekräftige und verallgemeinerbare wissenschaftliche Ergebnisse zum Zusammenhang zwischen diesen Hormonen und Depressionen im Kindes- und Jugendalter fehlen aber noch weitgehend.

Aufbau des Gehirns

Ebenfalls noch vorläufig sind Annahmen, dass die Größe beziehungsweise das Volumen bestimmter Hirnareale mit der Entwicklung von Depressionen zusammenhängt. In Studien mit bildgebenden Verfahren finden sich vereinzelte Ergebnisse und Hinweise, dass etwa die vordere Hirnrinde (*präfrontaler Kortex*), die Hirnanhangdrüse (*Hypophyse*) oder der Mandelkern (*Amygdala*) bei depressiven Menschen überzufällig in der Größe abweichen. Entsprechende Hirnbereiche hängen mit der Regulation von Gefühlen oder der Motivation (Belohnungssystem) zusammen.

Chronische körperliche Erkrankungen

Chronische körperliche Erkrankungen sind für Kinder und Jugendliche eine besondere Belastung. Junge Menschen mit Krankheiten wie zum Beispiel Asthma, Diabetes, Neurodermitis, Epilepsie oder Krebs leiden häufiger als gesunde Gleichaltrige unter psychischen Problemen, insbesondere auch depressiven Symptomen. Sie sorgen sich verständlicherweise mehr um ihre Gesundheit und müssen oft viele Behandlungen über sich ergehen lassen. In vielen Fällen sind sie in ihren Möglichkeiten und Freizeitbeschäftigungen eingeschränkt und fühlen sich weniger zuversichtlich und selbstsicher. Vor allem gezielte soziale Unterstützung kann zusätzlichen psychischen Problemen in diesen Fällen vorbeugen oder diese bewältigen helfen. Hilfsangebote sollten eine umfassende und verständliche Aufklärung über die Erkrankung und notwendige Behandlungsmaßnahmen umfassen. Sie sollten Kinder und Jugendliche möglichst zuverlässig und sicher im Umgang mit ihrer Krankheit machen, sie in ihrem Selbstbewusstsein und ihren sozialen Fertigkeiten stärken. Kinder und ihre Eltern sollten in ihren Ängsten und Nöten ernst genommen werden und Tipps zum Umgang damit bekommen.

Nebenwirkungen von Medikamenten

Eine Reihe von Medikamenten kann unter Umständen zu depressiven Stimmungszuständen als unerwünschte Wirkung führen oder beitragen. Dies können zum Beispiel Kortison, Antiepileptika, Zytostatika, Steroide oder Psychostimulanzien sein.

Schlaf und Ernährung

Auch die grundlegende Bedeutung von Schlaf und Ernährung für die psychische Gesundheit sollte nicht unterschätzt werden. Eine an Nährstoffen ausgewogene und regelmäßige Ernährung sowie ausreichend Nachtschlaf sind wichtig für körperliches und seelisches Wohlbefinden.

Die Pubertät und das Jugendalter

Stimmungsschwankungen mit starken und oft plötzlichen Anzeichen von Gereiztheit, Ärger und Wut, aber auch Traurigkeit und Niedergeschlagenheit treten im Jugendalter häufig auf. Sie scheinen zu einem gewissen Teil auch mit hormonellen Veränderungen einherzugehen. Noch mehr hängt die Achterbahn der Gefühle aber wohl mit der psychischen Entwicklung, verschiedenen Entwicklungsaufgaben und steigenden äußeren Anforderungen zusammen, an denen sich Jugendliche reiben.

Das Jugendalter hält viele große Herausforderungen bereit. Wenn Jugendliche an diesen Herausforderungen scheitern oder sie nicht so gut bewältigen, kann dies zu einer Depression beitragen. Wie schon erwähnt, steigt die Zahl junger Menschen mit deutlichen und länger anhaltenden depressiven Stimmungszuständen in diesem Alter an. Hierfür werden unter anderem die Einflüsse der *Pubertät* verantwortlich gemacht. Neben vielen psychischen und sozialen Entwicklungsaufgaben bringt die Pubertät auch eine Reihe einschneidender körperlicher Veränderungen mit sich. Gesteuert durch Hormone (vor allem die Geschlechtshormone Östrogen und Testosteron) bildet sich die Geschlechtsreife aus. Es kommt zu einer deutlich sichtbaren Reifung der Geschlechtsmerkmale und des Körpers insgesamt. Zu einem gewissen Teil kann der veränderte Hormonhaushalt sich direkt auf Stimmung und Gefühle auswirken. Mehr noch stehen die Jugendlichen vor der nicht immer leichten Aufgabe, sich mit den körperlichen Veränderungen und dem neuen Aussehen anzufreunden beziehungsweise das neue Äußere in ihr Selbstbild zu integrieren. Überzogene, unrealistische Schönheitsideale, Stereotype und Vorurteile in der Gesellschaft und den Medien erschweren diese Aufgabe.

Auch das Denken verändert sich zum Ende der Kindheit und mit Beginn des Jugendalters wesentlich. Im Rahmen ihrer Entwicklung sind die Heranwachsenden immer stärker dazu in der Lage, kritisch über sich selber nachzudenken, die eigene Person nachhaltig zu reflektieren und sich mit anderen zu vergleichen. Eigene Stärken und Schwächen werden stärker hinterfragt und bewertet. Die große Herausforderung besteht nun darin, eine eigene Identität zu entwickeln, ein eigenes, möglichst stabiles und stimmiges Bild von sich selbst. Im besten Fall erleben sich Jugendliche dabei als weitgehend wertvoll, kompetent und liebenswert. In dieser Entwicklungsphase beginnen die Jugendlichen auch, klarere Zukunftsperspektiven zu entwickeln. Sie erkennen eigene Möglichkeiten im Leben, aber auch eigene Grenzen deutlicher.

Auch Beziehungen zu Gleichaltrigen intensivieren sich im Jugendalter, bekommen einen neuen Charakter. Sind Freunde im Kindesalter vor allem Spielkameraden und Weggefährten, werden Freundschaften im Jugendalter in der Regel enger, exklusiver und vertrauensvoller. Auch intime Beziehungen und Partnerschaften entwickeln sich, werden zum neuen Abenteuer und Erprobungsfeld. Unzufriedenheit mit Freundschaften oder Unstimmigkeiten und Streit können zu besonderer emotionaler Belastung führen.

Im späten Kindes- und Jugendalter nehmen auch die schulischen Anforderungen oft deutlich zu. Die Orientierung an Leistung und Erfolg wird größer und der Vergleich mit Mitschülern stärker. Die Möglichkeit und oft der Druck, in der Schule voranzukommen und einen guten Abschluss zu erreichen, gewinnt an Bedeutung. Die Erwartungen der Gesellschaft, der Schule und nicht selten auch des Elternhauses steigen. Bereits Kinder, aber vor allem auch Jugendliche verbringen heute viel Zeit in der Schule oder mit Schulaufgaben und Lernen zu Hause. All diese zunehmenden Anforderungen bedeuten für viele Jugendliche mehr Stress und Belastung und können zu gefühlten Misserfolgen und einem geringen Selbstwertgefühl beitragen. Möglichkeiten des Schulsystems, mit unterschiedlichen Leistungsmöglichkeiten und Leistungsproblemen umzugehen, sind leider immer noch begrenzt. Ebenso fehlt es oft noch an Angeboten, Personal und Ausstattung, junge Menschen in ihrer ganzen Person zu begleiten, Freude und Spaß am Lernen zu fördern und auf individuelle Schwierigkeiten einzugehen.

Das Jugendalter und die damit zusammenhängenden Aufgaben werden von vielen Jugendlichen früher oder später gut bewältigt. Doch all die beschriebenen Anforderungen erhöhen auch die Wahrscheinlichkeit, sich längerfristiger überfordert, hilflos und ohnmächtig zu fühlen und daran zu scheitern. Das kann zur Entwicklung ausgeprägter psychischer Probleme führen. Neben Depressionen haben auch andere Störungen, wie Essstörungen, Angststörungen oder der Missbrauch von Alkohol und Drogen, in vielen Fällen ihren Beginn im Jugendalter.

Familiäre Faktoren

Die Familie, insbesondere natürlich die Eltern, aber auch die Geschwister, Großeltern und andere Familienangehörige, spielen eine besondere Rolle in der Entwicklung eines Kindes. Die Familie – unabhängig davon, ob es sich um einen alleinerziehenden Elternteil oder eine Großfamilie handelt – ist das wichtigste Lebensumfeld, der stärkste Entwicklungsmotor und bedeutsamste Einfluss für ein Kind. Hier lernt ein Kind sich selbst, den Umgang mit anderen Menschen und die Welt kennen. Auch wenn die genetische Veranlagung und das angeborene Temperament des Kindes besondere Vorgaben machen, tragen doch alltägliche familiäre Erfahrungen ganz wesentlich dazu bei, wie ein Kind denkt, fühlt und handelt. Und auch wenn viele andere Einflüsse eine Rolle spielen

(Gleichaltrige, Freunde, Kindergarten, Schule, Medien, körperliche Krankheiten), hat die Familie eine besondere Bedeutung. Ebenso wie ein Kind in seiner Entwicklung gefördert wird, können gewisse familiäre Einflüsse auch ein besonderes Risiko für psychische Probleme darstellen. Dabei möchten wir an dieser Stelle besonders betonen, dass es natürlich nicht darum geht, „Schuldige" zu finden. Vielmehr ist es wichtig, im Einzelfall mögliche ungünstige familiäre Einflüsse auszumachen. Und noch wichtiger ist es, Möglichkeiten und Stärken in jeder Familie zu finden, die zur Bewältigung psychischer Probleme und zu einer gesunden Entwicklung beitragen. Außerdem können selbst in der „besten" Familie, auch unter äußerst positiven und guten familiären Bedingungen, Kinder psychische Schwierigkeiten entwickeln.

In der Familie kann die Entwicklung eines Kindes auf verschiedene Art und Weise beeinflusst werden. Verschiedene familiäre Einflüsse können auch das Risiko für eine Depression bei Kindern und Jugendlichen erhöhen. Auch hier sei noch einmal darauf hingewiesen, dass keiner dieser Einflüsse per se eine Depression auslösen *muss*. Aber die im Folgenden genannten Faktoren können zu einer depressiven Entwicklung beitragen, was im Einzelfall wiederum oft von weiteren Faktoren abhängt. Zu wichtigen familiären Faktoren zählen:

- Trennung und Scheidung
- psychische Erkrankung eines Elternteils
- Erziehung und Bindungsangebot
- Verlust und Trauer
- soziale Benachteiligung

Trennung und Scheidung

Wenn Eltern sich trennen oder scheiden lassen, stellt das ein Risiko für die psychische Gesundheit der Kinder dar. Rein statistisch gesehen erhöht sich auch das Risiko für eine Depression. Natürlich muss die Trennung nicht zwangsläufig zu tiefgreifenden psychischen Problemen der Kinder führen. Sie stellt aber in den meisten Fällen eine schwerwiegende und ernst zu nehmende Belastung dar, deren Verarbeitung vor allem von der weiteren Beziehung der getrennten Eltern und auch von Eigenarten des Kindes abhängt.

Es passiert in aller Regel nicht von heute auf morgen, dass Eltern sich trennen. Bereits im Vorfeld gibt es länger anhaltende Unstimmigkeiten, Meinungsverschiedenheiten und Streit. Kinder haben dafür oft feine Antennen und fühlen sich verunsichert. Auch die Eltern sind durch die Konflikte mit ihrem Partner belastet, können nicht so wie früher für ihre Kinder da sein und auf deren

Bedürfnisse eingehen. Die eigentliche Trennung erleben die Kinder dann in der Regel als schmerzlichen Verlust ihrer ursprünglichen Familie, eine Erfahrung, die für sie nicht kontrollierbar ist. Auch wenn weiterhin regelmäßiger Kontakt zu beiden Elternteilen besteht, ist der Alltag zunächst auf den Kopf gestellt. Auch die Eltern müssen sich auf die neuen Umstände einstellen, sind nicht selten lange Zeit verunsichert und psychisch belastet. Oft kommt durch einen Umzug ein Wechsel der Umgebung sowie der Nachbarn, Freunde und Bekannten dazu. Nach der Trennung beginnen nicht selten lange rechtliche und finanzielle Streitigkeiten. Oft sind dabei auch die Kinder, ihre Erziehung, der Umgang mit ihnen und auch das Sorgerecht, wesentlicher Zankapfel. Der hauptsächlich alleinerziehende Elternteil muss oft wieder mehr arbeiten, für beide Eltern sind finanzielle Einbußen die Folge.

Jedes Kind reagiert anders auf die Scheidung seiner Eltern. Einige reagieren sofort, heftig und auffällig. Andere wirken lange Zeit normal und angepasst und bekommen erst später Schwierigkeiten. Wieder andere zeigen nur vorübergehend Anpassungsschwierigkeiten und entwickeln sich dann weiter „normal" und gesund. Besonders Kinder im Kleinkind- und Kindergartenalter und Grundschulkinder sind oft schwer getroffen von der elterlichen Trennung. Kindergartenkinder sind sehr stark irritiert, wissen lange nicht, wie sie sich auf die neue Situation einstellen können. Manchmal machen sie Rückschritte in ihrer Entwicklung (fangen beispielsweise wieder an einzunässen oder kommen wieder häufiger zu Mama und Papa ins Bett). Häufig sind sie gereizt, trotzig oder aggressiv, oft sind sie traurig und verängstigt, wünschen sich, dass Papa und Mama wieder zusammenwohnen. Kinder in der Grundschule reagieren ebenso oft traurig, fühlen sich allein und im Stich gelassen, sorgen sich, wie es weitergeht. Schwer können auch Schuldgefühle wiegen, für die Trennung der Eltern mitverantwortlich zu sein. Oft können sich die Kinder in der Schule nicht mehr so gut konzentrieren und haben Leistungseinbußen. Viele Kinder äußern vermehrt Bauch- oder Kopfschmerzen. Oft empfinden sie – neben der Trauer – Ärger und Wut auf ihre Eltern. Auch Jugendliche lässt die Trennung ihrer Eltern natürlich nicht unbeeindruckt. Bei ihnen können ebenso alle beschriebenen Verhaltensweisen auftreten. Bei vielen Jugendlichen scheint sich die elterliche Scheidung aber weniger nachhaltig auszuwirken. Aufgrund ihres Entwicklungsstandes sind sie tendenziell besser in der Lage, ihre Eltern als eigenständige Personen mit rationalen Entscheidungen wahrzunehmen und die Trennung als stärker unabhängig von der eigenen Person zu erleben. Darüber hinaus können sie auf eine längere Zeit der gemeinsamen familiären Erfahrung zurückgreifen. Als Jugendliche haben sie auch außerfamiliäre Beziehungen zu Gleichaltrigen und anderen Erwachsenen, die bestehen bleiben und sie in Krisen unterstützen können.

Wie sehr und wie lange ein Kind unter der Trennung der Eltern leidet, hängt vor allem von den Eltern selbst und ihrer weiteren „Zusammenarbeit" ab (siehe auch **Kasten 6**). Ihr Umgang mit dem Partner und dem Kind vor, während und nach der Trennung ist entscheidend. Auch wenn Eltern getrennt sind, bleiben sie ein Leben lang die gemeinsamen Eltern ihrer Kinder. Und Kinder brauchen ihre beiden Eltern. Besonders folgenschwer ist es, wenn den Eltern nach der Trennung kein geregelter und halbwegs wohlwollender Umgang miteinander, vor allem im Hinblick auf die Belange des Kindes, gelingt. Wenn getrennte Eltern sich um das Kind streiten, sich gegenseitig Vorwürfe machen, das Kind ermittelnd über den anderen ausfragen, den Ex-Partner vor dem Kind schlecht machen und die Kinder in Streitthemen einbeziehen, geraten Kinder in große psychische Schwierigkeiten. Eine häufige Folge sind sogenannte *Loyalitätskonflikte*, unter denen Kinder stark leiden. Kinder lieben in aller Regel beide Elternteile und benötigen Zuwendung und Liebe von beiden. Wenn die Eltern aber versuchen, sie jeweils auf ihre Seite zu ziehen, sie für ihre Position und gegen den anderen einzunehmen, geraten sie in starke Bedrängnis und psychische Not.

Um die psychischen Auswirkungen für ihre Kinder möglichst gering zu halten, sind verschiedene Verhaltensweisen hilfreich:

- Beide Eltern sollten sich ausreichend Zeit nehmen, dem Kind die Trennung altersgemäß und verständlich zu erklären. Sie sollten die Trennung als reine Entscheidung der Erwachsenen deutlich machen und unterstreichen, dass das Kind keinerlei Schuld daran trägt.
- Auch in Phasen eigener Belastung ist es wichtig, dass Eltern weiter auf Bedürfnisse, Wünsche, Nöte und Ängste ihres Kindes eingehen und diese nicht vergessen werden.
- Der Umgang mit dem Kind nach der Trennung sollte einvernehmlich und verlässlich geregelt werden. Es ist wichtig, dass alles dafür getan wird, dass das Kind den jeweils anderen Elternteil regelmäßig und unter positiven Umständen sieht. Dem Kind hilft es sehr, wenn es erfährt und spürt, dass beide Eltern den Kontakt zum jeweils anderen gut und wichtig finden und diesen Kontakt unterstützen.
- Das Kind leidet darunter, wenn sich die Eltern gegenseitig Schuldvorwürfe machen. Es ist hilfreich, wenn beide Eltern überlegen, wie sie zu einer guten gemeinsamen Erziehung und der Zusammenarbeit mit dem anderen Elternteil beitragen können. Für die Entwicklung des Kindes ist es entscheidend, wenn die Eltern wohlwollend in den Erziehungsfragen kooperieren. Auch wenn das Überwindung kosten sollte, fördert es nicht nur die psychische Gesundheit des Kindes, sondern bedeutet längerfristig auch weniger Belastung für die Eltern.

Kasten 6: Wenn Mama und Papa sich trennen – Eine Trennung der Eltern kann unterschiedlich ausgehen

Die Eltern des *zehnjährigen Marvin* haben sich getrennt, als er acht Jahre alt war. Marvin war auch damals schon ein eher ruhiger und zurückhaltender Junge, der nicht allzu viele Freunde hatte. In der Schule kam er gut mit. Er verbrachte viel Zeit zu Hause und traf selten Gleichaltrige. Außer seiner 13-jährigen Schwester und seinen Eltern leben die Verwandten weiter entfernt. Der Großvater mütterlicherseits wird in einem Pflegeheim betreut, nachdem die Großmutter zwei Jahre zuvor an Krebs gestorben war. Zu den Großeltern väterlicherseits besteht seit Jahren kein Kontakt mehr. Marvin und seine Schwester sind nach der Trennung bei ihrer Mutter geblieben. Ihren Vater besuchen sie aktuell wieder jedes zweite Wochenende, nachdem die Besuche lange Zeit sehr unregelmäßig stattfanden. Ein Streit zwischen der Mutter und der neuen Partnerin des Vaters war eskaliert. Rechtliche, insbesondere auch finanzielle Auseinandersetzungen der Eltern ziehen sich bis heute hin. Die Eltern arbeiten in der Erziehung ihrer beiden Kinder kaum zusammen, tauschen sich nicht aus und sprechen sich so gut wie gar nicht ab. Das Allernötigste regeln sie per E-Mail und SMS. Marvin und seiner Schwester gegenüber machen beide Eltern immer wieder deutlich, dass sie vom jeweils anderen Elternteil nicht viel halten und dem anderen die Schuld für alles geben. Marvin muss oft weinen, er geht fast gar nicht mehr nach draußen. Morgens vor der Schule und auch sonst hat er oft Bauchschmerzen, sodass die Mutter ihn immer wieder krankschreiben lässt. Nachts wacht er oft auf und kommt zur Mutter ins Bett. Er fühlt sich sehr schlecht und weiß nicht, wie er es seinen Eltern recht machen kann. Sobald er sich mit seiner Mutter oder seinem Vater versteht oder etwas Schönes mit einem von ihnen erlebt, hat er ein schlechtes Gewissen und gegenüber dem anderen Elternteil Schuldgefühle. Er weiß sich nicht zu helfen und wird zunehmend traurig, mutlos und depressiv.

Auch die Eltern der *zwölfjährigen Anna* haben sich vor gut einem Jahr getrennt. Die Eltern stellen ihre Tochter, wie sie sagen, „sicherheitshalber" in einer psychotherapeutischen Praxis vor. Anna ist aufgeschlossen und wirkt ausgeglichen. Auch auf Nachfrage berichtet sie, dass es ihr eigentlich ganz gut gehe. Natürlich finde sie es schade, dass sie nicht mehr als „ganze alte Familie" zusammenwohnen, aber sie habe sich mittlerweile gut daran gewöhnt. Anna war etwa drei Monate lang nach dem Auszug ihres Vaters sehr verunsichert und traurig. Ihre Eltern haben es aber geschafft, ihrer gemeinsamen elterlichen Verantwortung weiter nachzukommen. Außerdem waren die Großeltern mütterlicherseits und die Großmutter väterlicherseits weiter zuverlässige Ansprechpartner für Anna und ihre Schwester. Anna ist bis auf eine kurze Pause weiter ihren Hobbys, Handball und Streetdance, nachgegangen und hat sich mit ihren Freundinnen verabredet. Das Wichtigste für Anna aber war, dass sich ihre Eltern einige Male Zeit genommen haben, ihr die Trennung und die Gründe dafür ruhig und verständlich zu erklären. Auch Annas Eltern haben sich gestritten und führen bis heute rechtliche Auseinandersetzungen über den Unterhalt. Sie haben jedoch versucht, strittige Themen nicht vor den Kindern zu besprechen und schwere Auseinandersetzungen von ihnen fernzuhalten. Es hilft Anna und ihrer Schwester sehr, dass die Eltern sich in der Erziehung weiterhin regelmäßig absprechen, dass sie sich vor den Kindern keine gegenseitigen Vorwürfe machen und nicht schlecht übereinander reden. Sie signalisieren Anna, dass

> es auch weiterhin richtig und wichtig ist, dass sie jeweils den anderen Elternteil regelmäßig sehen, und achten auf Verbindlichkeit. Probleme und etwaige Missverständnisse versuchen sie immer untereinander zu klären. Die Eltern respektieren die jeweiligen neuen Partner des anderen und zeigen dies auch den Kindern. Sie versuchen sich daran zu erinnern, dass jeder mal einen Fehler machen kann. Anna hat die Trennung ihrer Eltern bisher gut verkraftet.

- Eltern helfen ihrem Kind, wenn sie auch mögliche neue Partner oder Halbgeschwister akzeptieren und ihnen wohlwollend begegnen.
- Streitthemen der Erwachsenen und rechtliche Auseinandersetzungen sollten vom Kind ferngehalten werden. Das Kind sollte nicht für eigene Anliegen missbraucht werden.
- Es ist günstig, wenn Eltern sich regelmäßig Zeit nehmen, sich über das Kind auszutauschen, und sich über ihre Erfahrungen mit dem Kind gegenseitig auf dem Laufenden halten. Bei Schwierigkeiten und Problemen, die auch vom Kind vorgebracht werden, ist es sinnvoll, zuerst Rücksprache miteinander zu halten.
- Um die Zusammenarbeit zu verbessern, kann Hilfe und Unterstützung von außen sinnvoll sein, zum Beispiel in gemeinsamen Beratungsgesprächen bei einer Beratungsstelle oder dem Jugendamt.

Wenn ein Elternteil psychisch krank ist

Psychische Erkrankungen, wie Depressionen, Angststörungen, Persönlichkeitsstörungen oder Süchte, sind unter Erwachsenen weit verbreitet. Viele der Betroffenen sind auch Eltern. Kinder von Eltern, die unter einer psychischen Störung leiden, sind oft selber besonderen Belastungen ausgesetzt. Studien zeigen, dass diese Kinder ein höheres Risiko für Depressionen und andere psychische Störungen tragen. Eine psychische, aber auch eine schwere körperliche Erkrankung eines Elternteils kann ein Kind und die ganze Familie auf verschiedene Art und Weise belasten.

Für Eltern mit psychischen Problemen ist es nicht immer leicht, die Bedürfnisse ihres Kindes ausreichend wahrzunehmen und darauf einzugehen. Aufgrund der eigenen Belastung sind sie als Eltern emotional oft weniger präsent und aufmerksam. Sie fühlen sich häufiger erschöpft und antriebslos, können weniger Zeit und Zuwendung für ihr Kind erübrigen. Sie schaffen es nicht immer, in der Erziehung einheitlich zu reagieren und gelassen zu bleiben. Das kann verschiedene Auswirkungen auf die ganze Familie und die Entwicklung des Kindes haben. Die Bindung zum Kind kann brüchiger werden. Das Kind lernt möglicherweise nicht so gut, eigene Gefühle und Bedürfnisse zu regulieren. Es kann Sorgen und Ängste entwickeln und weniger tatkräftig die Welt entdecken. Es kann unter Schuldgefühlen leiden und sich wertloser fühlen. Das Kind kann aber auch versuchen, mit Wut und Ärger die eigene Not zu verarbeiten und Aufmerksamkeit zu bekommen.

Auch weitere besondere Umstände können den Alltag für Familien mit einem kranken Elternteil erschweren. Durch ambulante und stationäre Behandlungsmaßnahmen sind die Eltern häufiger abwesend, das Risiko für Arbeitslosigkeit ist größer, finanzielle Schwierigkeiten sind häufiger. Auch die Beziehung zwischen den Eltern wird durch die Erkrankung eines Partners auf eine besondere Probe gestellt. Probleme, Streitigkeiten und letztendlich die Trennung können die Folge sein.

Aufgrund der vielen möglichen Belastungen in Familien mit einem kranken Elternteil ist oft zusätzliche Hilfe notwendig. Unterstützung können vielleicht Verwandte (Großeltern oder Geschwister der Eltern), Freunde oder Nachbarn bieten. Oft ist aber weitergehende professionelle Hilfe sinnvoll und wichtig. Erst einmal ist es von großer Bedeutung, dass die betroffenen Eltern für sich selber fachliche Behandlungs- und Therapieangebote nutzen. Weitere Hilfe im familiären Alltag kann die Jugendhilfe bieten, Angebote von Beratungsstellen oder auch eine frühzeitige Psychotherapie für das Kind können genutzt werden. Es ist für Eltern oft ein schwerer und mutiger Schritt, zu erkennen und sich einzugestehen, dass weitere Hilfe sinnvoll ist. Dieser erste Schritt ist aber oft notwendig und sollte nicht zu spät erfolgen. Frühe, professionelle Hilfe und Unterstützung wird in der Regel nicht nur die Entwicklung des Kindes fördern, sondern sich auch auf die ganze Familie positiv auswirken (siehe auch **Kasten 7**).

Kasten 7: Wer ist hier eigentlich die Mutter (Melanie, 16 Jahre)?

Melanie ist das einzige Kind ihrer Eltern, die sich getrennt haben, als sie neun Jahre alt war. Ihre Mutter hatte selber eine sehr schwere Kindheit und wurde von ihren Eltern nicht immer gut behandelt. Seit vielen Jahren leidet die Mutter unter Stimmungsschwankungen und starker Anspannung. Sie hat wenig Halt im Leben. Oft kann die Mutter es mit sich selber und ihrer inneren Leere kaum aushalten. Dann zieht sie sich zurück, bleibt im Bett und kann sich zu kaum etwas aufraffen. Einige Male hat sie sich bereits mit einer Schere am Arm selbst verletzt, zweimal hat sie versucht, sich mit einer Überdosis Tabletten umzubringen. Sie hat immer versucht, Melanie eine gute Mutter zu sein, was ihr aber aufgrund der eigenen Belastung nicht immer gelungen ist. Besonders nach der Trennung von ihrem Mann ging es ihr lange sehr schlecht. Melanie hat sich viele Sorgen um ihre Mutter gemacht. Sie hat sich bemüht, alles richtig zu machen und ihr nicht zusätzlich zur Last zu fallen. Von ihrer Mutter, die sonst nur wenige Leute kannte, musste sie sich oft anhören, wie schlecht es ihr geht. In der Schule hat Melanie sich angestrengt,

> zu Hause oft gekocht und sauber gemacht. Wenn ihre Mutter in psychiatrischen Kliniken stationär behandelt wurde, zog sie vorübergehend zu ihrem Vater oder war allein zu Hause. Für ihre eigenen Wünsche und Träume, für Freunde und Hobbys blieb Melanie wenig Raum und Zeit. Melanie rutschte immer häufiger in Stimmungstiefs. Dies behielt sie aber für sich und versuchte sich nur noch mehr anzustrengen. Irgendwann konnte sie es nicht mehr aushalten und brach mit Weinkrämpfen in der Schule zusammen. Mithilfe einer Freundin und einer Lehrerin, denen sie sich anvertraute, kümmerte sie sich um Hilfe. Heute macht sie eine ambulante Psychotherapie, zu Hause bekommen sie und ihre Mutter Unterstützung vom Jugendamt.

Erziehung und Bindungsangebot

Was eigentlich eine gute und „richtige" Erziehung ausmacht, ist eine viel diskutierte Frage, die sich natürlich auch viele Eltern stellen. Die meisten Eltern sind sehr darum bemüht, im Umgang mit ihren Kindern den richtigen Weg zu finden. Nicht wenige Eltern fühlen sich dabei auch verunsichert.

Für eine positive und gesunde Entwicklung von Kindern kommt es gar nicht auf die „perfekte" Erziehung an. Fehler, Unstimmigkeiten und Probleme kommen auch in der „besten" Familie vor. Trotzdem gilt es, einige Ideale, Werte und Ziele in der Erziehung zu beherzigen. Natürlich können gewisse Erziehungsstile und -praktiken Kinder belasten und auch die Wahrscheinlichkeit von Depressionen (und anderen psychischen Belastungen) erhöhen. Das belegen wissenschaftliche Studien und reichlich klinische Erfahrungen. Zu den größten Belastungen gehören zuallererst jegliche Formen körperlicher, sexueller und seelischer Gewalt, Misshandlung und Vernachlässigung. Jede Form von Gewalt, auch psychische Gewalt (zum Beispiel in Form von Bloßstellung, Einschüchterung, Beschimpfung, Bedrohung und häufiger und harter Bestrafung), sollte sich selbstverständlich verbieten. Gewalt, insbesondere durch nahe Personen, erschüttert Kinder in ihrem Kern und in ihrem Vertrauen in sich und zu anderen Menschen. Psychische Probleme im weiteren Leben sind oft die Folge.

Weitere Risiken für psychische Störungen bestehen in einem wenig liebevollen Umgang der Eltern mit dem Kind, einer zu wenig wertschätzenden Kommunikation miteinander, einer zu strengen und rigiden Erziehung, aber auch in einer Überbehütung. Immer wenn die Bedürfnisse eines Kindes zu wenig berücksichtigt werden, ist es in seiner Entwicklung gefährdet.

Zentral für eine förderliche Erziehung ist die weitgehende Befriedigung der kindlichen Grundbedürfnisse nach Bindung, Selbstwert, Orientierung und Vorhersagbarkeit sowie Spaß und Lustgewinn (siehe 28 f.). Wird unzureichend auf die psychischen Grundbedürfnisse von Kindern eingegangen, erhöht dies die Wahrscheinlichkeit psychischer Störungen.

- Kinder leiden darunter, wenn sie insbesondere früh im Leben keine verlässliche Nähe und Geborgenheit durch enge Bezugspersonen erfahren. Sie leiden darunter, wenn sie nicht spüren und erleben, dass andere für sie da sind und feinfühlig auf sie eingehen. Sie sind belastet dadurch, keinen „sicheren Hafen" zu haben, von dem aus sie die Welt entdecken können.
- Kinder leiden darunter, wenn sie oft kritisiert, herabgesetzt und angegriffen werden. Kinder, die wenig Liebe, Anerkennung und positive Aufmerksamkeit erfahren haben, haben es schwer, sich selber zu mögen und anzuerkennen. Kinder benötigen Bestätigung und Erfolgserlebnisse. Sie brauchen das Vertrauen darauf, angenommen zu sein, unabhängig von dem, was sie können oder leisten. Sie brauchen es, so geliebt zu werden und gut zu sein, wie sie sind. Kinder benötigen den Raum, die Freiheit und die elterliche Erlaubnis, sich auszuprobieren, Interessen zu entwickeln und Neues kennenzulernen und sich als wirksam zu erleben.
- Es belastet Kinder, wenn die Welt für sie nicht überschaubar ist, wenn viele Dinge sich oft unvorhersehbar ereignen und sie keinen Einfluss darauf haben. Sie profitieren von einer möglichst einheitlichen Erziehung, vorhersehbaren Abläufen, Strukturen und Ritualen. Regeln und Absprachen, in einem sinnvollen Umfang, erleichtern es ihnen, sich zurechtzufinden. Die Möglichkeit, mitzubestimmen und selber Verantwortung zu übernehmen, stärkt sie in ihrer Entwicklung.
- Wenn Kinder nicht die Möglichkeit haben, Spaß zu haben und Dinge zu genießen, belastet sie dies. Auch das Gefühl oder das elterliche Vorbild, Lust und Spaß gehören sich nicht oder werden nicht gerne gesehen, beeinträchtigt sie in ihrer Entwicklung. Kinder profitieren von ausreichend Raum und Angeboten zu lustvollen Tätigkeiten und Spaß, gemeinsamem Lachen und einem angenehmen Familienklima. Eltern helfen ihnen durch Zuwendung, Trost und Hilfestellung, auch Probleme und Misserfolge zu bewältigen.

Verlust und Trauer

Der Tod eines nahen Angehörigen oder Freundes stellt alle Menschen vor eine denkbar große Herausforderung. Für Kinder und Jugendliche kommt der Tod anderer Menschen oft noch unerwarteter und ist nicht erklärlich. Reaktionen jeglicher Art – Traurigkeit, Verzweiflung, Rückzug oder Wut – sind natürlich, normal und in der Regel hilfreich, um das Unfassbare zu verarbeiten. Sie fallen nicht in die Kategorie Depression.

Wenn jedoch die Trauer in ihrem Ausmaß und Umfang auch nach mehreren Wochen und Monaten nicht wesentlich abnimmt, die Betroffenen nicht in ihren üblichen Lebensrhythmus zurückfinden und im Alltag weiterhin sehr beeinträchtigt sind, kann Trauer in Depression übergehen. Kinder und Jugendliche, die einen für sie wichtigen Menschen verlieren, werden in ihrem Glauben an eine sichere Welt und ihrer grundsätzlichen Zuversicht und Hoffnung zunächst erschüttert. Wenn zum Beispiel ein Elternteil stirbt, fehlt Kindern eine zentrale Quelle der Zuwendung und Unterstützung. Auch andere Familienangehörige leiden unter dem Verlust und können nicht in gewohntem Ausmaß für das Kind da sein.

Kinder und Jugendliche, die einen wichtigen Menschen verloren haben, brauchen Zeit und Raum, um über ihre Gefühle sprechen zu können. Sie profitieren von Angeboten, über das zu reden, was sie bewegt, sollten dazu aber nicht gedrängt werden. Den Kindern hilft es, wenn andere Bezugspersonen ihnen Vorbild darin sind, ihre Gefühle und Trauer zu zeigen und offen zu thematisieren. Rituale unterstützen dabei, Abschied zu nehmen. Trauernde Kinder brauchen Raum, Zeit und Verständnis, das Erlebte zu verarbeiten. Trauernde Kinder brauchen letztendlich aber auch ein Leben, das weitergeht. Sie brauchen einen normalen Alltag mit alten und neuen Aufgaben, Aktivitäten und Herausforderungen, zu denen sie ermuntert werden.

Soziale Benachteiligung: Geld, Wohnraum und Bildung

Regelmäßig zeigen der Armutsbericht der deutschen Bundesregierung und weitere Veröffentlichungen, dass es bei Weitem nicht allen Familien in Deutschland materiell gut geht. Viele Familien haben nur wenig Geld zur Verfügung und sind in vielen Lebensbereichen deutlich benachteiligt. Armut hängt oft mit besonderen Belastungen zusammen, die auch ein Risiko für körperliche und psychische Probleme darstellen. Die allermeisten Eltern, die mit schwierigen finanziellen Verhältnissen zurechtkommen müssen, versuchen alles, um ihre Kinder liebevoll und verantwortlich zu erziehen – und haben es dabei oft deutlich schwerer als finanziell besser gestellte Eltern. Die Eltern finden häufig keine Arbeit oder gehen einer Tätigkeit mit sehr geringem Verdienst nach. Nicht wenige sind alleinerziehend, müssen für die finanzielle und die sonstige Versorgung der Familie allein die Verantwortung tragen. Viele Eltern sind deswegen körperlich oder psychisch erschöpft und belastet. Die Wohnverhältnisse sind beengt, zum Teil zeigen sich bauliche Mängel, Lärmbelästigung oder sogar potenzielle Gesundheitsrisiken. Wohnumfeld und Nachbarschaft sind häufig schwieriger. Der Zugang zu materiellen Gütern, der heute für Kinder und Jugendliche eine immer größere Rolle spielt, und die Teilhabe an Freizeitangeboten sowie die Förderung von Interessen und Hobbys sind eingeschränkt. Auch die Möglichkeiten für Bildung und außerschulische Förderangebote sind häufig begrenzt. Oft sind arme Familien sozial nicht so gut eingebunden, haben weniger Kontakte und soziale Netzwerke. Manchmal kommt es durch die genannten Belastungen auch zu besonderen Gefährdungen, die in einer unzureichenden Versorgung oder gar Vernachlässigung und Gewalt gegenüber Kindern münden können. Bei allen Diskussionen über verschiedene biologische und psychische Gesundheitsrisiken darf nicht vergessen werden, dass Armut und soziale Benachteiligung eine besonders große Belastung für die Entwicklung und psychische Gesundheit von Kindern darstellen. Diese Belastung zu minimieren, bedeutet eine große gesellschaftliche Herausforderung, der sich alle, und nicht zuletzt auch die politisch Verantwortlichen, stellen sollten.

Eine Welt, die sich verändert

Ob und wie sich gesellschaftliche Entwicklungen auf die Gesundheit von Kindern und Jugendlichen auswirken, ist schwer einzuschätzen. Es liegen Ergebnisse aus Studien vor, die auf eine Zunahme psychischer Auffälligkeiten und Störungen in den vergangenen 35 bis 60 Jahren deuten. Viele Wissenschaftler sehen den Grund hierfür vor allem darin, dass das wissenschaftliche und öffentliche Bewusstsein für psychische Belastungen von Kindern und Jugendlichen in den vergangenen Jahrzehnten stark zugenommen hat. Allein die erhöhte Aufmerksamkeit, zunehmende Forschungsbemühungen, mehr Versorgungsangebote und teilweise auch die Einführung neuer Diagnosen können daher zu höheren Prozentzahlen führen. Ob heute tatsächlich mehr Kinder und Jugendliche in ihrer Entwicklung belastet und psychisch auffällig sind als früher, lässt sich nur schwer einschätzen. Sicher ist, dass es gesellschaftliche Entwicklungen gibt, die sich nicht nur positiv auf das Aufwachsen junger Menschen auswirken. Verschiedene soziale Veränderungen und Wandlungsprozesse der heutigen Zeit werden als potenzielle Faktoren diskutiert, die Kinder und Jugendliche in ihrer Entwicklung verunsichern und belasten können.

Es gibt heute eine sehr große Vielfalt von Lebenseinstellungen, Haltungen und Sinndeutungen, was auch als Pluralismus bezeichnet wird. Auch der Umfang von Wissen und Informationen, die heute zur Verfügung stehen, war noch nie so groß und wächst weiter rapide an. Kinder und Jugendliche sehen sich heute einer noch nie da gewesenen Fülle an Möglichkeiten gegenüber, alles erscheint möglich und machbar. Es gibt immer weniger allgemeingültige Wertvorstellungen, an die man sich halten kann. Die Entwicklung geht immer mehr vom Allgemeinen zum Besonderen. Der Anspruch, sich besonders hervorzuheben, etwa unter Gleichaltrigen und auch in sozialen Netzwerken, wird immer größer. Kinder und Jugendliche können sich dabei überfordert fühlen, den Überblick zu bewahren und für sich den richtigen Weg zu finden. Unsicherheiten und Ängste, zu scheitern, etwas falsch zu machen, sich nicht mehr zurechtzufinden, nehmen zu. Das Besondere und die vermeintliche Selbstverwirklichung zu finden, wird immer schwieriger. Die Suche nach Sinn und Identität wird immer mehr zu einer persönlichen Leistung in Anbetracht scheinbar unendlicher Möglichkeiten und Gelegenheiten und ebenso wachsender Ansprüche. Das Risiko der Enttäuschung wächst. Die stärkere Individualisierung bringt nicht nur mehr Freiheit und Autonomie, sondern auch mehr Unsicherheit und Ungewissheit mit sich.

Die meisten Kinder und vor allem Jugendlichen beschäftigen sich täglich und oft stundenlang mit verschiedenen Medien und Medienangeboten. Diese Entwicklung pauschal zu verurteilen oder aber auch als völlig ungefährlich anzusehen, wäre sicher nicht angemessen. Insbesondere für junge Menschen, die bereits gewisse Anfälligkeiten besitzen, wie etwa ein schlechteres Selbstwertgefühl oder die Neigung, sich zurückzuziehen, kann die häufige Mediennutzung zu einem Risiko werden. Häufiges Computerspielen kann zum Beispiel mit weniger sozialen Kontakten, einem Rückgang körperlicher Bewegung und anderer Aktivitäten oder einem verschobenen Schlaf-wach-Rhythmus einhergehen und sich somit negativ auf die Stimmung auswirken. In sozialen Netzwerken erleben manche Jugendliche einen großen Druck, mit anderen mitzuhalten und sich als etwas Besonderes zu präsentieren, was wiederum zu Enttäuschungen und einem schlechteren Selbstwert führen kann. Die häufige Nutzung von Messenger-Diensten (wie etwa WhatsApp) kann ebenso das Grübeln über die Beziehung zu anderen und über die eigene soziale Anerkennung verstärken. Ebenso wird eine zusätzliche Bühne für Ausgrenzungen, Spott und Aggressionen (zum Beispiel in Form von sogenanntem Cybermobbing) geboten. Zudem erreichen immer mehr Marketingangebote die Kinder und Jugendlichen während der Mediennutzung und verheißen Glück und Zufriedenheit durch bestimmte Produkte, Moden und Trends.

Auch die Zunahme schulischer und gesellschaftlicher Leistungsanforderungen wird kritisch diskutiert. Freiheit und Freizeit für Kinder, um sich selber ohne äußere Strukturen und öffentliche Einflüsse zu begegnen und zu entwickeln, schwinden. Auch die Größe und der Zusammenhalt von Familien nehmen tendenziell weiter ab. Scheidungsraten sind weiterhin hoch, immer seltener leben drei Generationen unter einem Dach. Auch auf globaler Ebene tragen medial präsente Krisen, wie Umweltzerstörung, Kriegseinsätze, Armut und Hunger, Bedrohungen durch Terrorismus sowie politische Radikalisierung und Zunahme von Populismus, zur Verunsicherung bei.

Abschließend bleibt es schwer einzuschätzen, ob und wie all die genannten Entwicklungen das Aufwachsen und die psychische Gesundheit von Kindern und Jugendlichen negativ beeinflussen und belasten. Ebenso wie es verschiedene positive Entwicklungen gibt und sicher nicht alle neuen und aktuellen Wandlungsprozesse zu dramatisieren sind, sind manche Entwicklungen durchaus kritisch zu betrachten.

Kinder brauchen Freunde

Auch Gleichaltrige haben neben den Eltern und der Familie eine besonders große Bedeutung für die Entwicklung von Kindern. Bei jüngeren Kindern ergeben sich Freundschaften vor allem durch das gemeinsame Spielen sowie Aktivitäten und Unternehmungen. Im späteren Grundschul- und Jugendalter bekommen gegenseitige Zuneigung und Nähe mehr Bedeutung. Zueinander halten und sich aufeinander verlassen sowie sich helfen und unterstützen wird immer wichtiger. Gleichaltrige öffnen sich in Freundschaften immer mehr und tauschen sich über bedeutsame persönliche Dinge aus. Im Jugendalter gewinnen Vertrautheit, Loyalität und Intimität weiter an Bedeutung. Freundschaften werden auch zum Spiegel der eigenen Person. Sie werden zu einem zentralen Ort, wichtige Fragen des Lebens zu besprechen und Probleme zu bewältigen.

Freunde und Spielkameraden sind eine Quelle für Spaß, Freude und Wohlbefinden. Der Umgang mit Gleichaltrigen fördert soziale Fertigkeiten und die Fähigkeit, Kompromisse zu finden und angemessen mit Konflikten umzugehen. Freunde stellen bei Schwierigkeiten eine emotionale Unterstützung dar und helfen, die eigene Person besser kennenzulernen und eine Identität zu finden. Wichtig ist dabei, dass Kinder frühzeitig lernen, aktiv auf Gleichaltrige zuzugehen und diese um Hilfe und Unterstützung zu bitten.

Die Praxis und wissenschaftliche Studien zeigen, dass traurige und depressive Kinder und Jugendliche weniger Freunde und weniger befriedigende Kontakte zu Gleichaltrigen haben. Neben der geringeren Anzahl von Freunden haben zu Depression neigende Kinder weniger enge Freundschaften, sind bei anderen oft nicht so beliebt und verbringen mehr Zeit allein. Dabei ist von einer wechselseitigen Beeinflussung auszugehen, von einem Teufelskreis zwischen möglichen persönlichen Eigenarten auf der einen Seite und mangelnden Erfahrungen oder sogar negativen Erlebnissen mit Gleichaltrigen auf der anderen Seite. Die betroffenen Kinder und Jugendlichen sind oft weniger selbstbewusst, zweifeln an ihren Fähigkeiten und fühlen sich schnell abgewiesen. Sie sind eher schüchtern und verschlossen, trauen sich weniger auf andere zuzugehen und können sich schlechter durchsetzen und mit ihren Wünschen und Bedürfnissen einbringen. Bei Meinungsverschiedenheiten oder Streit ziehen sie sich eher zurück. All dies hängt damit zusammen, dass sie von anderen Gleichaltrigen weniger eingebunden und beteiligt und teilweise sogar aktiv abgelehnt und ausgegrenzt werden. Den Kindern und Jugendlichen fehlen dann enge freundschaftliche Beziehungen, sie können ihre sozialen Fertigkeiten nicht ausreichend entwickeln und ihr Selbstbewusstsein weniger stärken. Sie erleben Gleichaltrige nicht in einem befriedigenden Ausmaß als Quelle von Spaß und Bestätigung. Hat sich dann schließlich eine depressive Symptomatik entwickelt, verstärkt sich der Teufelskreis aus Traurigkeit, Antriebslosigkeit, sozialem Rückzug und weniger positiven Erfahrungen mit Gleichaltrigen.

Schule

Schule ist ein zentraler Ort, der die Entwicklung von Kindern und Jugendlichen beeinflusst. Lehrkräfte gehören nach den Eltern und anderen Familienmitgliedern zu wichtigen erwachsenen Bezugspersonen. Die Klasse bildet in der Regel eine stabile und wichtige Bezugsgruppe von Gleichaltrigen. Freude und Erfolg beim Lernen sind von Bedeutung für die Entwicklung von Persönlichkeit und Selbstbewusstsein. Misserfolge und zu wenig Spaß beim Lernen, aber auch zu hoher Leistungsdruck, starke Konkurrenz und Stress können die emotionale Stabilität von Kindern und Jugendlichen gefährden und Ängste und Depressionen begünstigen.

Auch hier zeigt sich oft ein Teufelskreis: Mit der Neigung zu Traurigkeit und Rückzug eines Kindes gehen oft geringeres Selbstvertrauen, weniger soziale Fertigkeiten und eine negativere Lebenseinstellung einher. Diese machen gute schulische Leistungen und Erfolge unwahrscheinlicher, was wiederum Stimmung, Motivation und Leistungsbereitschaft verringert. Vonseiten der Eltern können sich ein zu hoher Leistungsdruck und zu hohe Erwartungen negativ auswirken. Dasselbe gilt, wenn Eltern schulischen Belangen zu wenig Aufmerksamkeit schenken. Lehrkräfte können der Entwicklung schaden, wenn sie einzelne Schüler ungerecht behandeln und herabwürdigen und ihnen zu wenig positive Aufmerksamkeit und Bestätigung geben.

Nur in wenigen Fällen ist es gerechtfertigt, bei psychischen Problemen des Kindes die alleinige Ursache bei der Schule zu suchen. Für die seelische Gesundheit des Kindes ist es eher dann ein Problem, wenn die Eltern und die Lehrer nicht fair und wohlwollend zusammenarbeiten.

Bei einer depressiver Symptomatik ist in der Regel auch die schulische Leistungsfähigkeit, unter anderem durch mangelnden Antrieb, Konzentrationsschwäche, Schlafprobleme und wenig Zuversicht, beeinträchtigt. Oft sind spätestens dann Geduld, Verständnis und professionelle Hilfe für das Kind, aber auch eine enge und gute Kooperation zwischen Familie und Schule erforderlich.

Einschneidende Erlebnisse und Stress

Häufige Veränderungen im Leben und belastende Erfahrungen können zu einer erhöhten Anfälligkeit für depressive Störungen führen. Wenn Kinder und Jugendliche viele *kritische Lebensereignisse* erfahren, wie zum Beispiel Todesfälle, Umzüge, Schulwechsel, Trennungen von Familienmitgliedern oder Freunden sowie eigene oder Krankheiten von Angehörigen, sind sie stärker belastet. In einem solchen Fall steigt das Risiko für psychische Auffälligkeiten und Krankheiten.

Neben diesen eher großen, einschneidenden Erlebnissen spielt auch länger anhaltender oder wiederkehrender Stress im Alltag eine Rolle für die psychische Gesundheit von Kindern. Zu diesen alltäglichen Stressoren zählen zum Beispiel häufige Streitigkeiten in der Familie, Probleme mit Gleichaltrigen, ein sehr voller Terminkalender, hohe Leistungsansprüche und schulische Überforderung. Viele belastende Lebensereignisse gehen oft mit alltäglichem Stress einher. Zum Beispiel bedeutet eine chronische Krankheit oft viele Behandlungen und alltägliche Einschränkungen. Im Rahmen einer Trennung der Eltern kommt es meistens im Vorfeld zu Spannungen und Auseinandersetzungen, die Kinder und Jugendliche belasten.

Jeder Mensch geht auf seine Art und Weise mit Stress und Belastungen um. Einige Kinder und Jugendliche bleiben auch angesichts vieler Belastungen und bei hohem Stress emotional stabil, andere reagieren auch auf vergleichsweise geringeren Stress mit psychischen Auffälligkeiten.

Kinder, die ein soziales Netz haben, das ihnen zur Seite steht, können belastende Lebensereignisse und Stress besser bewältigen. Das Gleiche gilt für Kinder, die eine eher optimistische Grundeinstellung haben und Probleme schrittweise und konstruktiv angehen. Bei Kindern, die auf diese Schutzfaktoren nicht zurückgreifen können, kann Stress eher zu psychischen Schwierigkeiten führen. Grundsätzlich kann aber für jedes Kind und jeden Jugendlichen, unabhängig von seinen Eigenarten und seinem Umfeld, der Stress zu viel werden und krank machen.

Persönlichkeit und Eigenarten

Im Folgenden möchten wir einige psychische Aspekte vorstellen, die Kinder und Jugendliche anfälliger für die Entwicklung von Traurigkeit, Rückzug und Antriebslosigkeit machen können. Im Sinne einer erhöhten Verletzlichkeit tragen diese persönlichen Merkmale oft erst dann zu psychischen Problemen bei, wenn zusätzliche äußere Belastungen einwirken. Einige dieser Faktoren haben wir an anderer Stelle auch schon angesprochen.

Überzeugungen und Bewertungen: Ist das Glas halb voll oder halb leer?

Menschen haben das grundlegende Bedürfnis, sich in der Welt zurechtzufinden und zu orientieren. Sie möchten begreifen, was in ihnen und um sie herum vorgeht. Der Verstand hilft ihnen dabei, indem er Ereignisse und Erlebtes sowie das eigene Verhalten und das Verhalten anderer bewertet und einordnet. Warum passiert mir das? Warum verhält der andere sich so? Worauf ist das zurückzuführen?

> „Die Menschen werden nicht durch Dinge beunruhigt, sondern durch die Ansichten, die sie darüber haben."
> *Epiktet* (griechischer Philosoph, etwa 50–125 n. Chr.)

Die Art und Weise, wie wir Dinge gedanklich bewerten und einordnen, bestimmt wesentlich mit, wie wir bei Anforderungen reagieren, wie wir uns verhalten und wie wir uns fühlen. Auch belastende und möglicherweise krank machende Gefühle (wie Ärger, Angst und Traurigkeit) und ungünstige Verhaltensweisen (aggressiv zu reagieren, etwas aus dem Weg zu gehen oder sich zurückzuziehen) werden oft durch persönliche Bewertungen beeinflusst und hervorgerufen. Ein Beispiel: Ein Kind fragt ein anderes, ob es sich mit ihm verabreden möchte. Wenn das angesprochene Kind die Verabredung abschlägt, kann das Kind, das gefragt hat, darauf ganz unterschiedlich reagieren. Dies hängt stark mit der eigenen Bewertung zusammen:

- Vielleicht denkt das Kind: „Der andere hat gerade keine Zeit", oder "Wir kennen uns noch nicht gut genug." Dann ist es vielleicht nur etwas enttäuscht und sagt: „Vielleicht können wir uns ja ein anderes Mal treffen." Möglicherweise spricht es auch ein anderes Kind an.

- Vielleicht denkt das Kind auch: „Der ist aber blöd, warum ärgert der mich!" Dann ist es wahrscheinlich wütend. Es schimpft mit dem anderen Kind oder fängt Streit an.
- Vielleicht denkt das Kind aber auch: „Der andere mag mich nicht, das ist typisch, eigentlich mag mich keiner, ich werde nie Freunde finden." Es wird eher traurig sein, es wird möglicherweise schweigen und sich mit gesenktem Kopf zurückziehen.

Unterschiedliche Bewertungen und Reaktionen sind auch bei vielen anderen Anlässen möglich: zum Beispiel, wenn einem Kind etwas nicht so gut gelingt, es eine schlechte Klassenarbeit zurückbekommt, es in einem Sportwettbewerb nicht so gut abschneidet, es kritisiert oder gelobt wird, wenn es etwas Neues lernen möchte oder an seine Zukunft denkt.

Für die Entwicklung kann es dann problematisch werden, wenn ein junger Mensch zu einseitige und negative Bewertungs- und Denkmuster besitzt. Diese Kinder und Jugendlichen betrachten sich und die Welt eher pessimistisch und wie durch eine dunkle Brille. Bestimmte Tendenzen in ihrem Denken lassen sie oft übertrieben kritisch über ihre eigene Person urteilen und Schlechtes von sich und anderen Menschen erwarten. Dies kann Traurigkeit, Rückzug und Depressivität fördern. In der **Tabelle 1** werden bestimmte typische Denkmuster und Beispiele dafür vorgestellt.

Durch eine zu einseitige negative Art, Erfahrungen zu bewerten, werden nicht nur unmittelbar Gefühle und Verhaltensweisen beeinflusst. Auch neue zukünftige Erfahrungen und Erlebnisse können dadurch geprägt werden. Zusammenhänge zwischen den eigenen Erwartungen und neuen Erfahrungen werden auch als *selbsterfüllende Prophezeiungen* bezeichnet:

- Denkt ein Kind zum Beispiel, einer neuen Aufgabe nicht gewachsen zu sein, wird es diese weniger zuversichtlich, motiviert und aktiv angehen. Mit großer Wahrscheinlichkeit wird es dann auch weniger Erfolg haben.
- Erwartet ein Jugendlicher, von Gleichaltrigen abgelehnt zu werden, wird er nicht so offen und freudig auf sie zugehen. Konsequenz ist, dass die anderen ihn weniger beachten und sich von ihm zurückziehen.
- Glaubt ein Kind, dass die Eltern seine Schwester oder seinen Bruder lieber mögen, wird es jedes Verhalten der Eltern kritisch dahingehend beobachten, oft gereizt reagieren und weniger schöne Momente mit seinen Eltern erleben.

Es besteht also die Gefahr, dass die jeweilige Erwartung durch eigenes Zutun letztendlich bestätigt und dadurch verfestigt wird.

Tabelle 1: Einseitige Denkmuster, die ein Risiko für eine Depression bedeuten

Denkmuster	Beispiele
Willkürliche Schlussfolgerung Bestimmte Schlüsse werden willkürlich und ohne ausreichende Beweise gezogen.	„Meine Eltern haben mir nichts mitgebracht. Sie lieben mich nicht." „Anna hat mich gestern nicht angerufen. Sie will nicht mehr meine beste Freundin sein."
Selektive Verallgemeinerung Die Konzentration wird auf ein aus dem Zusammenhang gerissenes Detail gelegt, bedeutsamere Merkmale werden nicht beachtet.	„Der Lehrer hat einen anderen Klassenkameraden dran genommen. Er beachtet mich nie." „Meine Eltern haben meine kranke Schwester heute im Krankenhaus so lange umarmt. Sie mögen sie mehr als mich."
Übertrieben starke Verallgemeinerung Eine allgemeine Regel oder Schlussfolgerung entsteht auf der Basis einzelner Vorfälle und wird einfach auf ähnliche oder andere Situationen übertragen.	„Gestern hat mich Sarah auf dem Schulhof nicht gegrüßt. Ich lerne nie ein nettes Mädchen kennen." „Jonas findet meine neuen Turnschuhe nicht gut. Ich habe einen schlechten Geschmack."
Maximierung Die Bedeutung kleinerer Fehler und Mängel wird überbewertet.	„Auf dem Bild, das ich gemalt habe, ist ein kleiner Farbklecks, deshalb ist es schlecht." „Heute habe ich eine Frage des Lehrers nicht verstanden. Die ganze Stunde hat nichts gebracht."
Minimierung Positive Leistungen werden abgewertet.	„Die gute Note in der Klassenarbeit lag doch nur an den einfachen Aufgaben, das war Zufall." „Ich bin doch nur in der Mannschaft, weil es keine anderen Spieler gibt. Das würde jeder schaffen."
Persönlich nehmen Äußere Ereignisse werden auf sich selbst bezogen, auch wenn es keine Grundlage gibt für diesen Zusammenhang.	„Dass die Leute auf der Party schlechte Laune haben und die Stimmung schlecht ist, liegt doch nur daran, dass ich auch da bin." „Meine Eltern lassen sich scheiden, weil ich ihnen immer so viel Kummer gemacht habe."
Schwarz-Weiß- oder Entweder-Oder-Denken Alle Erfahrungen werden zwei sich gegenseitig ausschließenden Kategorien zugeordnet.	„Alles ist furchtbar/schrecklich/nicht zu ertragen" oder „Es ist super/perfekt/hundertprozentig."

Hat ein Kind oder Jugendlicher eine depressive Symptomatik entwickelt, dann sind negative Erwartungen und schwarze Gedanken oft stark ausgeprägt und dominant. Die ganze Welt taucht für die Betroffenen in ein dunkles Licht. Das trägt dazu bei, dass die Depression bestehen bleibt. Das negative, pessimistische Denken ist für die Bezugspersonen oft schwer nachzuvollziehen. Es ist aber kein Makel, keine Schwäche oder schlechte Angewohnheit. Es ist vielmehr ein typisches Zeichen und Ausdruck der Depression.

Oft kommen entsprechende einseitige Denk- und Bewertungsmuster von Kindern und Jugendlichen nicht aus heiterem Himmel. Zu einem gewissen Maß können sie Teil des angeborenen Temperaments sein. Vor allem beruhen sie aber oft auf früheren Erlebnissen und Erfahrungen. Wenn ein Kind zum Beispiel oft erlebt hat, dass es den äußeren Umständen machtlos ausgeliefert war (etwa bei Trennungserfahrungen, Krankheit, Todesfällen oder häufigen Umzügen), wird es auch in Zukunft nicht mehr so sehr an seine Stärke glauben, die Dinge positiv für sich beeinflussen zu können. Wenn ein Kind nur für seine Leistungen und für angepasstes Verhalten Anerkennung und Wertschätzung bekommt, wird es sich später leichter wertlos und traurig fühlen, wenn es etwas nicht so gut schafft oder kritisiert wird. Wenn ein Kind von engen Bezugspersonen wechselhaftes und impulsives Verhalten oder auch Kränkungen, Herabwürdigung oder gar Gewalt erlebt hat, wird es später nicht so leicht vertrauensvolle Beziehungen aufbauen und sich schneller zurückziehen.

Gefühle ausbalancieren und Probleme lösen

Mit negativen Gefühlen umzugehen, ist eine große Herausforderung. Es gibt Kinder, die ihre Gefühle nach einem traurigen oder beängstigenden Erlebnis relativ schnell wieder regulieren können. Andere Kinder und Jugendliche bleiben länger in negativen Gefühlen, wie Traurigkeit, Angst oder Ärger, verhaftet. Ihnen gelingt es nicht so gut, sich zu beruhigen und zu einer positiven Stimmung zurückzufinden. Diese mangelnde Fähigkeit zur Emotionsregulation ist eine weitere Eigenschaft von Kindern und Jugendlichen, die ein Risiko bei der Entwicklung von Depressionen darstellen kann (vgl. auch S. 34f.).

Das Ausbalancieren von Gefühlen umfasst eine Reihe von Fertigkeiten, die miteinander zusammenhängen. Auf körperlicher Ebene gehen Emotionen mit physiologischer Erregung einher, die durch Stoffwechselabläufe gesteuert wird. Diese körperlichen Prozesse beeinflussen die Intensität und Dauer von Gefühlen und Anspannung. Auch Einschätzungen der Situation und gedankliche Strategien (zum Beispiel sich ablenken, sich an etwas Schönes erinnern oder sich Hoffnung machen) lenken das Gefühlserleben. Auch unterschiedliche Verhaltensweisen können helfen oder dabei hinderlich sein, Gefühle angemessen zu regulieren: sich Hilfe holen, etwas Angenehmes tun, versuchen sich zu entspannen, über seine Gefühle sprechen oder sich zurückziehen, passiv bleiben und über Probleme grübeln. Auch die Art, wie Kinder und Jugendliche ihre Gefühle und Stimmungen regulieren können, kann zu einem gewissen Teil am angeborenen Temperament (z. B. einer Schüchternheit oder Gehemmtheit) liegen. Häufiger spielen aber auch hier bisherige Erfahrungen im Leben eine Rolle. Kinder und Jugendliche, die weniger gut negative Stimmungen und Gefühle beeinflussen und bewältigen können, tragen ein höheres Risiko für Depressionen.

Mit der Emotionsregulation hängt eng die Fähigkeit zusammen, mit Schwierigkeiten umzugehen und für Probleme die richtigen Lösungen zu finden. Wie geht ein Kind mit einer schlechten Klassenarbeit um? Wie sagt eine Jugendliche ihrer besten Freundin, dass sie sich in letzter Zeit vernachlässigt fühlt? Was macht ein Kind, das von einem Klassenkameraden ständig geärgert wird? Wie geht ein Jugendlicher damit um, dass er sich von seinen Eltern ungerecht behandelt fühlt? *Strategien, Probleme zu lösen,* können bei Kindern und Jugendlichen sehr unterschiedlich ausgeprägt sein. Die Fähigkeit und die Art, Schwierigkeiten im alltäglichen Leben anzugehen, können auch bei der Entstehung einer Depression eine Rolle spielen. Ungünstig und depressionsfördernd kann es sein, sehr lange und ausdauernd über Probleme nachzudenken oder sich nur auf die eigene schlechte Stimmung zu konzentrieren, ohne das Problem an sich anzugehen. Ebenso ist es oft wenig hilfreich, bei Schwierigkeiten zu lange abzuwarten und passiv zu bleiben. Auch klappt es oft nicht gut, all seine Probleme alleine oder auf einmal in den Griff bekommen zu wollen. Entsprechende Muster bei der Bewältigung von Schwierigkeiten finden sich oft im Vorfeld einer Depression, insbesondere auch dann, wenn ein junger Mensch besonderen Belastungen und Stress ausgesetzt ist. Kinder und Jugendliche, die Probleme aktiv und schrittweise angehen, eine optimistische Haltung und realistische Erwartungen haben und sich, wenn nötig, auch um Hilfe und Unterstützung durch andere Personen bemühen, fühlen sich weniger psychisch belastet.

Mit anderen auskommen: soziale Fertigkeiten

Beziehungen und Kontakte zu anderen Menschen möglichst angenehm, befriedigend und erfolgreich zu gestalten, ist oft ein Ausdruck sozialer Kompetenzen. Mangelnde soziale Fertigkeiten sind ein weiteres Risiko dafür, dass Kinder und Jugendliche depressiv werden können. Wie bereits beschrieben, sind Freundschaften und Beziehungen zu Gleichaltrigen eine wichtige Erfahrungsquelle und eine Basis psychischer Gesundheit. Aber auch die Kontaktgestaltung mit

Erwachsenen ist wichtig für das Selbstbewusstsein und die emotionale Stabilität. Wenn Kinder und Jugendliche gute soziale Fertigkeiten besitzen, gelingt es ihnen, eigene Bedürfnisse angemessen zu vertreten, aber auch die Bedürfnisse des Gegenübers zu berücksichtigen. Soziale Fertigkeiten umfassen also auf der einen Seite die Fähigkeit, für eigene Ziele und Interessen einzustehen und diese in der Gemeinschaft mit anderen Menschen umzusetzen. Auf der anderen Seite sind sie die Fähigkeit, auch auf die Anliegen und Wünsche des anderen einzugehen, anderen zuzuhören, ihnen freundlich und hilfsbereit zu begegnen und dadurch Sympathie zu erhalten und Beziehungen zu vertiefen.

Mit guten sozialen Fertigkeiten gelingt es also, einen Kompromiss zwischen den Bedürfnissen der eigenen Person und denen anderer Menschen zu finden. Das Ergebnis sind wahrscheinlich gute und vertrauensvolle Freundschaften, eine gewisse Beliebtheit, Beachtung und Respekt und damit Zufriedenheit. Neben den Fertigkeiten, die zu einem freundlichen und selbstsicheren Auftreten gehören, wie zum Beispiel eine angemessen laute Stimme, Blickkontakt und das klare Ansprechen von Themen, gehören auch ausreichend Selbstsicherheit und Zutrauen sowie Einfühlungsvermögen dazu.

Kinder und Jugendliche, denen es schwerer fällt, sich unter anderen angemessen einzubringen, können oft nicht so gut Kontakte und Freundschaften aufbauen. Sie können ihre Bedürfnisse und Rechte weniger durchsetzen und den Austausch mit anderen Menschen für sich weniger befriedigend gestalten. Auf soziale Anforderungen reagieren sie leichter verängstigt und unsicher, möglicherweise auch schneller gereizt und aggressiv. Sie neigen dann dazu, anderen aus dem Weg zu gehen, eigene Wünsche zurückzuhalten, sich zurückzuziehen und soziale Anforderungen zu vermeiden. Sie können sich möglicherweise von unangemessenen Forderungen anderer nicht abgrenzen, können dann schlecht Nein sagen. Oder sie können sich nicht verteidigen und werden dann vermehrt Opfer unangemessener Kritik oder von Hänseleien. Das hat nicht nur Folgen für freundschaftliche Beziehungen, sondern kann auch die Bewältigung von Aufgaben im Alltag sowie die schulische und später die berufliche Leistung und Zufriedenheit beeinträchtigen. Dies kann zum Beispiel der Fall sein, wenn es Kindern mit mangelnden sozialen Fertigkeiten schwerfällt, sich im Unterricht mündlich zu beteiligen und Ideen einzubringen, Referate vorzutragen, in Gruppen mitzuarbeiten oder es anzusprechen, wenn sie ungerecht behandelt werden (zum Beispiel der Lehrer bei der Korrektur einer Klassenarbeit zu einer fehlerhaften Benotung kam).

Die Kontaktgestaltung zu anderen Menschen (Gleichaltrigen und Erwachsenen) und Erfahrungen in zwischenmenschlichen Beziehungen können ein zentraler Faktor bei der Entstehung und Aufrechterhaltung einer Depression sein. Depressive Stimmung und zwischenmenschliche Schwierigkeiten verstärken sich oft gegenseitig. Traurigkeit, Antriebslosigkeit und fehlendes Zutrauen verunsichern die betroffenen Kinder und Jugendlichen zusätzlich in ihrem Sozialverhalten. Menschen, die mit depressiven Kindern und Jugendlichen zu tun haben, wissen nicht, wie sie sich ihnen gegenüber verhalten sollen. Sie erleben diese oft als schwierig oder abweisend und ziehen sich zurück. Dies verschlechtert wiederum die Stimmung der depressiven Kinder und Jugendlichen und erhöht ihre Unsicherheit (siehe auch **Kasten 8**).

> **Kasten 8: Außen vor – Kolja, 14 Jahre**
>
> Kolja ist vor einem Dreivierteljahr mit seinen Eltern und seinem Bruder in die neue Stadt gezogen. Ähnlich wie sein Vater ist er ein eher schüchterner und zurückhaltender Mensch. In seinem Wesen und in seiner äußeren Erscheinung ist er noch mehr Kind als Jugendlicher. Viele Gleichaltrige sehen schon älter aus und haben andere Interessen. An seinem alten Wohnort hatte er nicht viele, aber einige enge Freundschaften zu Gleichaltrigen, die er seit seiner Kindheit kannte. In der neuen Klasse gibt es eine schon länger bestehende und ziemlich geschlossene Klassengemeinschaft. Die anfänglichen eher zaghaften Versuche Koljas, Kontakt zu anderen Klassenkameraden aufzunehmen, blieben mehr oder weniger erfolglos. Seine Eltern meldeten ihn in einem Sportverein an, aber auch dort schaffte er es nicht, Anschluss zu finden. Seine Außenseiterposition in der Klasse machten sich zwei Mitschüler zunutze und begannen, sich auf seine Kosten lustig zu machen. Sie versteckten seine Sachen, warfen seine Mütze aus dem Fenster und schrieben Sprüche über ihn an die Tafel. Mittlerweile schon immer trauriger und mutloser geworden, gelang es Kolja nicht, den Lehrkräften Bescheid zu sagen oder sich selber zu wehren. Auch seinen Eltern vertraute er seinen zunehmenden Kummer nicht an. Kolja verbrachte zu Hause immer mehr Zeit in seinem Zimmer und hatte immer öfter Bauchschmerzen. Erst als er morgens immer häufiger nicht zur Schule wollte und seine Eltern ihn auf mögliche Probleme ansprachen, klagte er ihnen unter Tränen sein Leid.

Langeweile, Medien und andere Gewohnheiten

Abschließend möchten wir noch auf einige weitere wichtige Gefährdungen hinweisen. Die Stimmung eines Kindes hängt eng mit der Freude, Abwechslung und den positiven Erfahrungen zusammen, die es im Alltag erfährt. *Hobbys, Interessen und Unternehmungen* führen dazu, dass ein Kind Spaß hat, Erfahrungen mit anderen Menschen sammelt, Talente entdeckt und Stärken entwickelt. Auch Bewegung und körperliche Aktivität gehen nicht nur mit Fitness und Ausdauer, sondern in der Regel auch mit mehr Zufriedenheit und emotionaler Ausgeglichenheit einher. Kinder und Jugendliche, die kaum Hobbys und Interessen haben und sehr wenig unternehmen, erleben in der Regel weniger

Freude, Selbstbestätigung und Verstärkung. Dies wirkt sich oft negativ auf Stimmung und Antrieb aus, was wiederum zu mehr Rückzug führt und eine Depression begünstigen kann.

Zu viel Fernsehen, Handy, Computer spielen und das Internet sind als Gegenmaßnahme bei Langeweile und schlechter Stimmung dauerhaft keine gute Lösung. *Medien* sind natürlich nicht an sich zu verdammen, sie gehören zum Leben dazu. Auch hier kommt es wie bei vielen anderen Dingen auf das richtige Maß an. Gerade im Zusammenhang mit Traurigkeit und Lustlosigkeit kann ein zu hoher Medienkonsum psychische Schwierigkeiten und depressive Symptome verstärken und ist in seiner Auswirkung nicht zu unterschätzen. Spielen am Computer oder mit dem Smartphone oder auch das Surfen im Internet kann einen suchtähnlichen Charakter annehmen. Kinder und Jugendliche, die dies fast täglich stundenlang tun, isolieren sich oft zunehmend von ihrer Umwelt. Reizbarkeit, gedrückte Stimmung, immer weniger soziale Kontakte, Streit mit Mitmenschen, das Vernachlässigen anderer Interessen und Aufgaben sowie schulische Probleme können die Folge sein.

Auch der Missbrauch der klassischen Suchtmittel *Nikotin, Alkohol und anderer Drogen* kann bei Jugendlichen ein Versuch sein, mit psychischen Problemen umzugehen. Langfristig wird dieser Versuch, gerade wenn die Jugendlichen bereits unter depressiven Symptomen leiden, aber fast immer zu noch mehr Schwierigkeiten führen.

Warum neigen Mädchen eher zu Depressionen als Jungen?

In jedem Alter können Jungen genauso eine depressive Störung entwickeln wie Mädchen. Doch ab dem mittleren Jugendalter sind Mädchen – genau wie Frauen im Erwachsenenalter – tendenziell häufiger von Depressionen betroffen als Jungen. Woran liegt das? Eine Antwort, die mindestens zu einem gewissen Teil diesen Unterschied erklären kann, bezieht sich darauf, wie psychische Störungen heute erfasst werden. Um eine psychische Störung festzustellen, ist es auch wichtig, dass die Betroffenen über ihre Probleme berichten. Mädchen scheinen bereitwilliger und wohl auch oft ehrlicher über negative Gefühle und Stimmungen zu sprechen als ihre männlichen Altersgenossen. Dies führt dann zu Forschungsergebnissen, die eine höhere Zahl von Depressionen bei Mädchen zeigen.

Darüber hinaus spielen andere Gründe eine Rolle. Einige Risiken kommen bei Mädchen häufiger vor als bei Jungen. Viele dieser Merkmale und Eigenschaften sind nicht an sich negativ oder sprechen auch nicht für einen psychischen Makel. Aber wenn mehrere dieser potenziellen Risiken gemeinsam und in Kombination mit anderen äußeren Belastungen vorliegen, können sie die Entwicklung einer Depression begünstigen. Jungen hingegen sind tendenziell anfälliger für andere psychische Störungen, oft solche, die sich mehr nach außen richten, wie trotziges und aggressives Verhalten, oder später auch der Missbrauch von Alkohol und anderen Suchtmitteln, und sich weniger in der Person abspielen, wie Ängste und Depressionen.

Aufgrund *unterschiedlicher Erziehungseinflüsse* lernen Mädchen häufig immer noch einen stärker gefühlsbetonten Umgang mit Schwierigkeiten und Problemen. Sie setzen sich intensiver mit ihren Gefühlen auseinander und zeigen diese mehr. Außerdem zeigt sich die Tendenz, dass Mädchen insgesamt selbstkritischer über sich und ihre Erfahrungen nachdenken. Ebenso spielen bei Mädchen enge, vertrauensvolle und exklusive Beziehungen zu anderen Menschen eine größere Rolle als bei Jungen. Dementsprechend reagieren sie auch empfindsamer, wenn es zu Schwierigkeiten mit anderen Menschen kommt. All diese Tendenzen können bei äußeren Belastungen und negativen Stimmungen dazu führen, dass Mädchen in vielen Fällen länger über ein Problem grübeln, Schuld bei sich suchen und stärker zu Traurigkeit neigen.

Ein weiterer Grund, warum Mädchen häufiger depressiv werden als Jungen, kann in einem anderen Verlauf und einer anderen Bewertung der körperlichen Veränderungen der Pubertät liegen. Mädchen kommen mit ein bis zwei Jahren durchschnittlich deutlich früher in die Pubertät als Jungen. Sie müssen hormonelle Einflüsse und Veränderungen in der äußeren Erscheinung also früher verarbeiten und akzeptieren. Außerdem werden körperliche Veränderungen von vielen Mädchen, vor allem aufgrund eines überhöhten und verzerrten gesellschaftlichen Schönheitsideals, genauer und kritischer betrachtet.

Weitere mögliche Ursachen für eine höhere Depressionsgefährdung von Mädchen und Frauen sind auch in höheren Rollenanforderungen und mehr Aufgaben zu sehen. Mädchen werden durchschnittlich häufiger in den Haushalt eingebunden, müssen zum Beispiel neben der Schule auf Geschwister aufpassen. Auch dies kann, bei einem hohen Ausmaß an Anforderungen oder weiteren Belastungen im Umfeld, negative Stimmungen begünstigen.

Ein letzter Grund, der für die höhere Depressionsgefährdung von Mädchen angenommen wird, ist der tragische Umstand, dass Mädchen häufiger Opfer von Gewalt und sexuellen Übergriffen und Misshandlungen werden. Entsprechende schreckliche Erfahrungen haben für Mädchen und Jungen in vielen Fällen verheerende seelische Auswirkungen.

Sichtweisen und Theorien zur Erklärung der Depression

Wie Sie sehen, können für die Entwicklung einer Depression viele verschiedene Einflüsse und Ursachen verantwortlich sein. Um die Gründe für Depressionen zu verstehen, müssen letztendlich die Umstände eines jeden Einzelfalls berücksichtigt werden. In vielen Fällen sind es mehrere Risiken, die zusammenkommen und auf die betroffenen Kinder und Jugendlichen und ihre Familien einwirken und zu einer depressiven Symptomatik führen. Viele der beschriebenen Risiken sind nicht nur bei der Entstehung der Depressivität, also vor Beginn der psychischen Probleme, von Bedeutung. Viele der Belastungen (wie zwischenmenschliche Probleme, Erziehungsschwierigkeiten, schulischer Stress, negative Bewertungsmuster) nehmen mit Beginn der Depression sogar noch zu und tragen dazu bei, dass Symptomatik und Beschwerden bestehen bleiben.

Einige Wissenschaftler versuchen, die Entstehung von Depressionen zusammenfassend zu beschreiben. Abhängig vom jeweiligen Schwerpunkt und der Ausrichtung der Autoren und Autorinnen werden in diesen Erklärungsansätzen zumeist andere Aspekte betont. Es sprengt den Rahmen dieses Buches, alle Theorien den jeweiligen Hintergründen entsprechend im Detail darzustellen (vgl. jedoch Groen & Petermann, 2011). In **Tabelle 2** sind die wichtigsten Perspektiven zusammenfassend kurz beschrieben. Viele der dort aufgeführten Faktoren sind bereits genannt worden.

Es ist schwer, alle möglichen Risiken und Ursachen in einem einzigen Modell der Depression im Kindes- und Jugendalter zu integrieren. Allgemein lässt sich die Entwicklung einer depressiven Störung, wie auch in **Abbildung 2** gezeigt, folgendermaßen zusammenfassen:

- Belastende Erlebnisse im frühen Kindesalter (zum Beispiel durch wechselnde Bezugspersonen, soziale Benachteiligung, Vernachlässigung und gesundheitliche Schwierigkeiten) sowie das Beziehungsangebot und die Erziehung der Eltern (zum Beispiel wechselhaftes, schwankendes Erziehungsverhalten, wenig Aufmerksamkeit für die Bedürfnisse des Kindes, Ablehnung) können – möglicherweise vor dem Hintergrund einer bestimmten genetisch bedingten Veranlagung – zu einer erhöhten psychischen Verletzbarkeit eines Kindes führen. Diese kann zum Beispiel darin bestehen, Gefühle schlechter regulieren zu können, mit anderen Menschen nicht so gut auszukommen oder sich selbst, die eigene Zukunft und die Welt um sich herum stark pessimistisch und negativ zu betrachten.
- Treten dann im späteren Leben weitere Belastungen auf, etwa durch Trennungen oder Todesfälle, Stress und Überforderung, können diese zu zuneh-

Tabelle 2: Ausgewählte Sichtweisen zur Erklärung der Depression im Überblick

Soziale Umwelt	Kritische Lebensereignisse, soziale Belastungen und alltäglicher Stress führen in Abhängigkeit von sozialer Unterstützung und persönlichen Fertigkeiten zu Überforderung und emotionalen Problemen.
Bindung	Eine brüchige emotionale Versorgung und eine unsichere frühkindliche Bindung zu den Bezugspersonen führen zu verzerrten und unsicheren Vorstellungen von sich und anderen Menschen, die wiederum weitere Erfahrungen prägen.
Soziale Kontakte	Vor allem zwischenmenschliche Schwierigkeiten und besondere soziale Herausforderungen (zum Beispiel nach Todesfällen und Trennungen oder aufgrund veränderter Beziehungen zu Eltern und Gleichaltrigen) und eingeschränkte soziale Fertigkeiten führen zu einer Stimmungslabilität.
Verhalten und Aktivität	Wenige angenehme Aktivitäten, positive Erlebnisse und freudvolle Erfahrungen hängen eng mit zunehmendem Rückzug und Antriebslosigkeit zusammen. In einem Teufelskreis führen immer weniger positive Erfahrungen, Spaß und Befriedigung zu einer Depression.
Wahrnehmung und Bewertung	Die eigene Person, die Umwelt und die Zukunft werden verzerrt, betont negativ und übertrieben pessimistisch wahrgenommen und bewertet.
Selbstkontrolle	Die Möglichkeiten, das eigene Verhalten für längerfristige Ziele und Wünsche im Leben zu organisieren, und die Fähigkeit, sich selbst dabei richtig einzuschätzen, zu bewerten und zu ermutigen, sind beeinträchtigt.
Neurobiologie	Genetische Einflüsse, Besonderheiten bei der synaptischen Reizübertragung, im Hormonhaushalt und in der Hirnanatomie begünstigen die Depression oder halten sie aufrecht.

menden depressiven Symptomen führen. Sie stehen dann möglicherweise in Verbindung mit entwicklungsgemäßen Veränderungen und Herausforderungen (wie die Pubertät) und im Rahmen gesellschaftlicher Anforderungen.
- Im Sinne eines Teufelskreises kann dann die depressive Symptomatik, unter anderem in Form von sozialem Rückzug, Antriebslosigkeit und Hoffnungslosigkeit, die bestehende psychische Anfälligkeit weiter verstärken und zu einer Zunahme von Stress und Belastung führen. Dadurch wird die Depression verstärkt und weiter aufrechterhalten.

Warum werden Kinder und Jugendliche depressiv? Risiken und Erklärungen

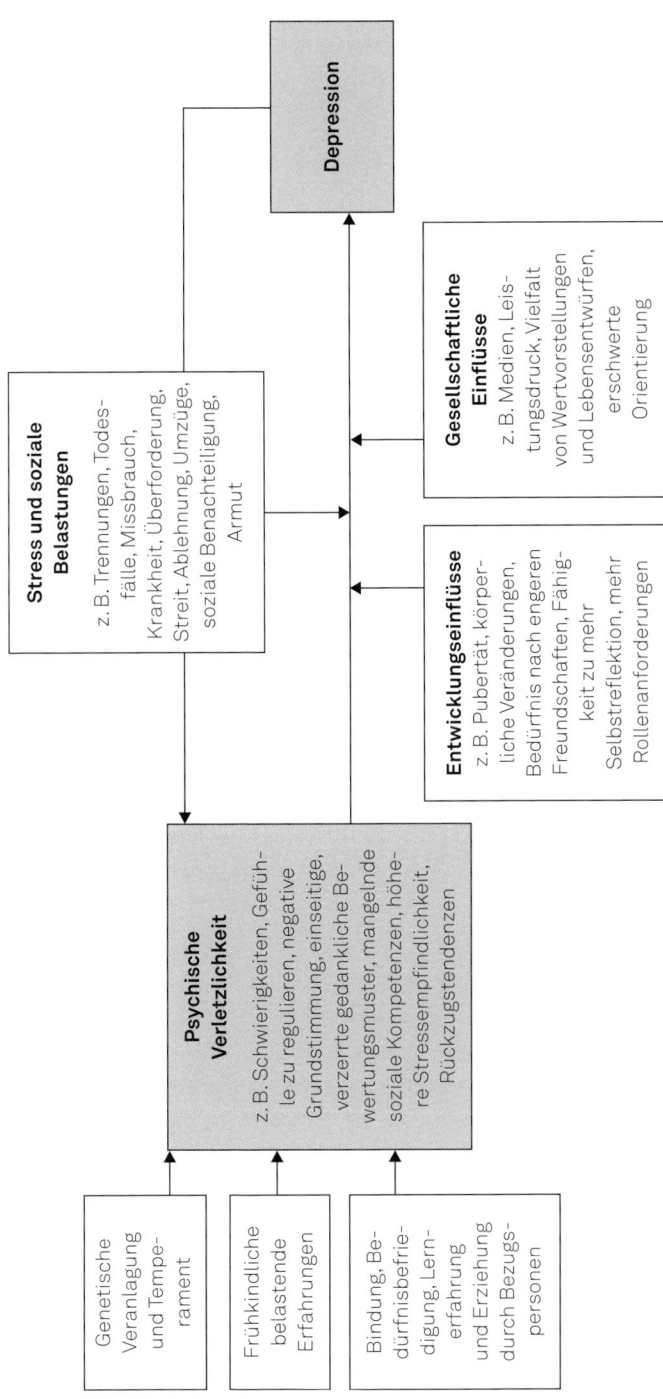

Abbildung 2: Wichtige Einflüsse bei der Entwicklung einer Depression

Hilfe und Unterstützung: Depressionen sind gut behandelbar

Bisher haben wir deutlich zu machen versucht, wie unterschiedlich sich eine Depression im Einzelfall zeigen und auf welchen unterschiedlichen Ursachen sie beruhen kann. Ebenso haben wir beschrieben, zu welchem Leid und zu welchen alltäglichen Beeinträchtigungen eine Depression für alle Beteiligten führen kann. In den allermeisten Fällen ist eine Depression im Kindes- und Jugendalter jedoch recht gut behandelbar. Oft sind verschiedene Hilfen und Maßnahmen erforderlich, um depressive Störungen zu überwinden. In diesem Kapitel werden wir unterschiedliche Ansätze und Möglichkeiten von Hilfe und Unterstützung für depressive Kinder und Jugendliche und ihre Angehörigen aufzeigen. Wir möchten Ihnen Anregungen und Ideen geben, wie Sie Ihrem Kind bei der Bewältigung von Stimmungsproblemen helfen können. Anschließend werden verschiedene professionelle Unterstützungs- und Behandlungsangebote beschrieben. Ebenso gehen wir darauf ein, welche Möglichkeiten der Unterstützung es im schulischen Bereich gibt. Im Vorfeld werden zunächst einige grundlegende Überlegungen angesprochen.

Vorüberlegungen: Die richtige Hilfe

Es gibt kein Patentrezept und auch keine einfachen Tipps, depressiven Kindern und Jugendlichen zu helfen. Aber es gibt gute Hilfe. Es existieren verschiedene nützliche und hilfreiche Unterstützungs- und Behandlungsmöglichkeiten. Depressive Verstimmungen können in vielen Fällen überwunden werden, je nach Ausprägung und Schweregrad durch familiäre Unterstützung und Selbsthilfe oder zusätzliche professionelle Beratung und Therapie. Im Zweifelsfall sollten Betroffene und Eltern nicht warten, sich fachliche Hilfe zu suchen. Jede Form von Hilfe und Unterstützung sollte für den Einzelfall passen. Sie sollte für die jeweiligen Stärken und Probleme eines Kindes, sein Alter und seinen Entwicklungsstand sowie für die Möglichkeiten der Familie und ihre jeweiligen Belastungen geeignet sein.

Zunächst ist es wichtig, ab einem gewissen Punkt Schwierigkeiten als psychisches Problem ernst zu nehmen. Oft ist es gerade von außen nicht immer leicht einzuschätzen, wann dieser Punkt erreicht ist. Wann werden „normale" Stimmungsschwankungen, Phasen von Traurigkeit, Rückzug und Selbstzweifel zu einer Depression? Es ist gut, wenn Sie als Eltern die Stimmung und mögliche Probleme Ihrer Kinder beobachten und aufmerksam bleiben für mögliche Veränderungen. Sie sollten sich bei Ihren Kindern gegebenenfalls auch nach Hintergründen und Ursachen für veränderte Stimmungen oder Verhaltensweisen erkundigen. Gibt es Schwierigkeiten mit Freunden? Hat das Kind einen Verlust oder eine Trennung noch nicht verarbeitet? Ist das Kind in der Schule überfordert, sorgt es sich um seine Leistungen, hat es vor irgendetwas Angst? Ist es belastet durch Sorgen um die Familie? Steht das Kind durch andere Dinge unter Druck? Fühlt es sich alleingelassen und unverstanden? Zweifelt es an seinen Fähigkeiten?

Wenn Sie deutliche und ernsthafte Veränderungen bei Ihrem Kind wahrnehmen und bemerken, dass es unter Traurigkeit, Sorgen und Selbstzweifeln zu leiden scheint und ihm Anforderungen des Alltags immer schwerer fallen, sollten Sie eine ernsthaftere psychische Problematik erwägen. Eine Übersicht über die Merkmale einer depressiven Störung findet sich im Abschnitt „Was ist eine Depression" (S. 41 f.). Die dort dargestellten Hinweise geben Ihnen eine Orientierung darüber, welche Anzeichen vorliegen. Finden sich Hinweise, sollten Sie im Zweifelsfall und in Absprache mit Ihrem Kind immer eine professionelle diagnostische Abklärung bei einem qualifizierten Psychologen, Arzt oder Psychotherapeuten veranlassen. **Kasten 9** nennt noch einmal mögliche Anhaltspunkte für Eltern und andere Bezugspersonen für die Einschätzung einer depressiven Symptomatik. Wenn Sie mehrere Fragen zu Ihrem Kind mit Ja beantworten, sollten Sie über weitere Schritte nachdenken.

Was können Eltern tun?

Sie als Eltern sind in aller Regel die engsten Bezugspersonen Ihrer Kinder. Sie sind auch diejenigen, die im Umgang mit familiären Problemen und den Schwierigkeiten Ihres Kindes besonders herausgefordert sind und möglicherweise auch an eigene Grenzen geraten. Bei der Beantwortung der Frage, wie Eltern ihre Kinder richtig unterstützen und fördern können und dabei auch eigene Bedürfnisse im Blick behalten, ist es hilfreich, zunächst einige Grundsätze zu beachten:

Hilfe und Unterstützung: Depressionen sind gut behandelbar

Kasten 9: Anzeichen, Signale und Symptome einer Depression bei Kindern und Jugendlichen

- Wirkt das Kind oder der Jugendliche schon längere Zeit sehr traurig, bedrückt und niedergeschlagen?
- Reagiert es oft gereizt, fühlt sich schnell angegriffen und ungerecht behandelt?
- Wirkt es oft müde, schlapp und ohne Energie und Antrieb?
- Wirkt es in seinen Bewegungen, in der Gestik und Mimik oft sehr gehemmt? Oder wirkt es sehr unruhig, nervös und fahrig?
- Kann es sich über kaum noch etwas richtig freuen? Machen ihm auch eigentlich schöne, angenehme Dinge, die früher Spaß gemacht haben, keinen richtigen Spaß mehr?
- Zieht es sich oft zurück, ist lieber allein, wirkt gelangweilt und interessenlos?
- Vernachlässigt es Hobbys und sonstige Aktivitäten?
- Wehrt es Kontaktangebote immer mehr ab, hält sich aus familiären Aktivitäten stark heraus und geht Unternehmungen mit anderen Menschen immer weniger nach?
- Grübelt es viel, macht sich viele Sorgen?
- Traut es sich sehr wenig zu, wirkt mut- und hoffnungslos, hat wenig Selbstvertrauen?
- Sieht es sich, seine Umwelt und die Zukunft oft sehr pessimistisch und negativ?
- Kann es sich schlechter konzentrieren oder entscheiden als sonst?
- Lassen die schulischen Leistungen nach?
- Kann es schlecht ein- oder durchschlafen? Oder schläft es viel mehr als sonst und wirkt trotzdem müde?
- Hat es weniger Hunger und Appetit als sonst, isst es weniger und hat vielleicht schon abgenommen? Hat es mehr Hunger und Appetit als sonst, isst es mehr, vielleicht auch aus Enttäuschung und bei schlechter Stimmung?
- Klagt es oft über körperliche Beschwerden und Schmerzen wie Bauchweh, Kopfschmerzen oder Übelkeit, ohne dass eine klare körperliche Ursache dafür vorliegt?
- Gibt es Hinweise auf massive Selbstzweifel und Äußerungen, dass das Leben keinen Sinn hat? Gibt es Äußerungen oder sonstige Anzeichen von Lebensmüdigkeit?

- Es geht nicht darum, als Eltern möglichst perfekt zu sein oder einem Ideal von Erziehung und Elternschaft zu entsprechen. Keiner ist perfekt, „Fehler" sind erlaubt und völlig normal.
- Es ist in der Regel hilfreich, auf seine elterliche Intuition zu hören und für diese ein verstärktes Bewusstsein zu entwickeln. Eltern sollten sich Zeit nehmen, sich zu fragen: „Was braucht mein Kind eigentlich, was brauche ich, was tut uns allen gut?" – und nicht nur nach einer vorgegebenen Anleitung und „nach Rezept" handeln.

- Von Vorteil ist es, sich als Eltern nicht nur eigener eventueller Schwächen bewusst zu werden, sondern vielmehr auch der eigenen Stärken und dort anzusetzen, wo bereits etwas gut gelingt.
- Es ist sehr wichtig, offen zu sein für äußere Hilfe. Keine Eltern auf der Welt müssen immer mit allem alleine fertig werden. Es gehört manchmal Mut dazu, ist aber entscheidend, eigene Grenzen zu erkennen, andere um Unterstützung zu fragen und sich um Hilfe zu kümmern.
- Es ist gut, an bewährten Dingen festzuhalten, es ist aber auch wichtig, offen für neue Anregungen zu sein, Hilfe anzunehmen und neue Dinge auszuprobieren.
- Es ist gut, schrittweise vorzugehen. Kleine, gut überlegte und vorbereitete Veränderungen machen mehr Sinn, als alles von heute auf morgen zu verändern.
- Geduld und angemessene Erwartungen sind wichtig. Zu hoher Druck und zu hohe Erwartungen an sich als Eltern, aber auch dem Kind gegenüber können die Entwicklung hemmen.
- Es ist oft wenig hilfreich, zu sehr und immer wieder in die Vergangenheit zu schauen, sich ständig für alte „Fehler" schuldig zu fühlen und zu grämen. Oft bringt einem der Blick auf die Zukunft und jeden neuen Tag mehr.
- Bei aller Hilfe und Unterstützung durch die Eltern gilt es darauf zu achten, die Kinder und Jugendlichen so viel wie möglich selbst machen zu lassen. Ihnen sollten im angemessenen Rahmen viel Selbstbestimmung und Eigenverantwortung eingeräumt werden.
- Eltern sollten sich und ihre eigenen Bedürfnisse und Grenzen im Auge behalten. Erschöpfte und unzufriedene Eltern haben auch weniger Kraft für ihre Kinder. Es ist wichtig, sich um die eigene psychische Stabilität und Gesundheit zu kümmern und gegebenenfalls auch für sich selbst professionelle Hilfe in Anspruch zu nehmen.

Bereits im Abschnitt über Risiken und Gründe für Depressionen haben wir Strategien im Umgang mit kindlichen Belastungen dargelegt. Im Folgenden möchten wir noch konkretere Hilfen für den alltäglichen Umgang mit depressiven beziehungsweise zu Depressivität neigenden Kindern beschreiben. Es gibt keine Zaubertricks, keine Wundermittel. Einiges ist sicherlich auch leichter gesagt als getan. Schauen Sie, was für Sie und Ihr Kind passt und sich im Alltag umsetzen lässt.

Stimmungsprobleme verstehen und ernst nehmen

Wissen über die psychische Entwicklung in Kindheit und Jugend sowie das Störungsbild der Depression ist eine gute Voraussetzung, um die Probleme der Betroffenen besser zu verstehen, mit ihnen umzugehen und die passende Unterstützung anzubieten. In diesem Buch stellen wir die zentralen Hintergründe zum Thema Depressionen bei Kindern und Jugendlichen dar. Auch in anderen Büchern oder durch die Beratung von Fachleuten können Sie als Eltern Informationen erhalten.

Depressionen sollten nie als ein persönlicher Makel, Unvermögen oder eine irgendwie geartete Schwäche gesehen werden. Wenn Traurigkeit, Niedergeschlagenheit, Rückzug und weitere Symptome ein gewisses Ausmaß erreicht haben, bekommt die Depression eine Eigendynamik und wird zu einer Krankheit. Angehörige sollten dann nicht erwarten, dass depressive Kinder und Jugendliche sich ohne Weiteres selber helfen können. Ratschläge und Empfehlungen wie „Hab dich nicht so!", „Die fehlt doch gar nichts!" oder „Stell dich doch nicht so an!" sind daher ungünstig. Gerade wenn Kinder und Jugendliche eine schwere Zeit durchmachen, Belastungen erleben oder negative Erfahrung verarbeiten, brauchen sie von ihrem Umfeld Verständnis und Zeit.

Abbildung 3 zeigt ein Rahmenmodell zum Verständnis der Depression. Gefördert oder ausgelöst durch Stress und äußere Belastungen verstärken sich traurige oder gereizte Stimmung, negative Bewertungen und Rückzugsverhalten gegenseitig und halten sich aufrecht. Dies kann zu einer ausgeprägten depressiven Symptomatik einschließlich körperlich-vegetativer Symptome und Veränderungen im Hirnstoffwechsel führen. Der Weg aus der Depression heraus ist vor dem Hintergrund dieser komplexen, oft länger vorausgegangenen Entwicklung nicht immer einfach und schnell zu bewältigen. Vielmehr sind Verständnis, Geduld und Unterstützung gefragt.

Die im Modell dargestellte Entwicklung der depressiven Symptomatik ist jedoch umkehrbar und kann positiv beeinflusst werden. Auch Veränderungen im Hirnstoffwechsel sind nicht zwingend und keine bleibende Beeinträchtigung. Sie können als Folge und Ausdruck der Depression verstanden werden, die gleichzeitig zu ihrem Fortbestehen beitragen. Stabilisiert sich die Stimmung und geht die depressive Symptomatik zurück, normalisiert sich auch der möglicherweise aus dem Gleichgewicht geratene Hirnstoffwechsel. Aus dem in Abbildung 3 dargestellten Modell lassen sich auch mögliche Ansatzpunkte für Hilfe und Unterstützung ableiten, auf die wir später noch eingehen. Dies sind etwa der Abbau von Stress und Belastungen, der Aufbau von Interessen und Aktivitäten oder die Förderung einer stärker positiven und realistischen Wahrnehmung.

112 Wie wird mein Kind wieder glücklich?

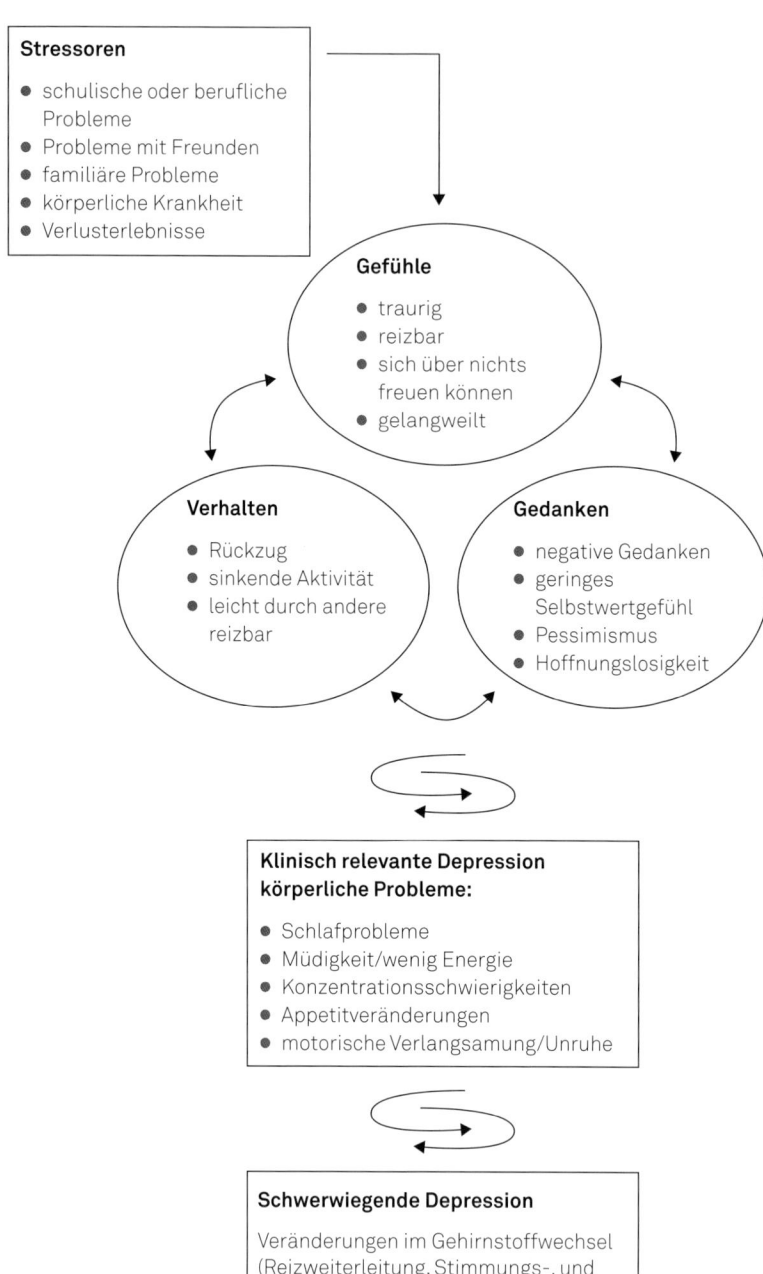

Abbildung 3: Depressionen verstehen (aus Groen & Petermann, 2011, S. 145)

Als Eltern zusammenarbeiten

Psychische Probleme der Kinder können Eltern vor große Herausforderungen stellen. Den richtigen Umgang mit den Kindern zu finden und in der Erziehung die richtigen Entscheidungen zu treffen, ist nicht einfach. Auch für die Beziehung der Eltern zueinander können psychische Probleme der Kinder eine besondere Belastungsprobe darstellen. Die enge Zusammenarbeit und der wohlwollende Austausch der Eltern sind dann besonders wichtig.

Um eine klare Orientierung zu gewinnen und eindeutige Erfahrungen zu machen, ist es für Ihre Kinder hilfreich, wenn Sie als Eltern eine möglichst einheitliche Haltung in der Erziehung verfolgen. Selbstverständlich hat jeder Elternteil seinen eigenen Stil und seine eigene Beziehung zum Kind. Trotzdem ist es für Erwachsene und Kinder hilfreich, wenn die Eltern sich in den wichtigen und grundlegenden Fragen austauschen und eine gemeinsame Linie finden. Über wichtige Erziehungsfragen vor den Kindern zu diskutieren und zu streiten, ist oft für alle Beteiligten anstrengend und verunsichernd. Es ist besser, zu wichtigen Alltagsthemen (zum Beispiel Weggeh- oder Schlafenszeiten, schulische Aufgaben, Umgang mit Misserfolgen, Aufräumen, Hobbys, Mediennutzung) zunächst eine gemeinsame Haltung zu finden und sie mit den Kindern dann gemeinsam zu besprechen. Eltern sollten sich Zeit nehmen, sich über die Fragen, die ihre Kinder und sie als Eltern angehen, in Ruhe auszutauschen. In der Schnelllebigkeit des Alltags kann es durchaus sinnvoll sein, sich hierfür bewusst einen gemeinsamen Termin zu suchen und sich für ein Gespräch zu verabreden. Natürlich dürfen Eltern sich auch mal vor den Kindern streiten und Meinungsverschiedenheiten austragen. Dies kann besser sein, als etwas in sich hineinzufressen und nicht authentisch zu sein. Auseinandersetzungen vor den Kindern sollten aber nach Möglichkeit im Rahmen bleiben. Kinder können dabei lernen, wie man fair streitet, Kompromisse findet und sich wieder verträgt.

Die Zusammenarbeit der Eltern ist gerade dann von sehr großer Bedeutung, wenn die Eltern in Trennung oder Scheidung leben. Wie bereits angesprochen, stellt die elterliche Trennung oft eine große Belastung für die ganze Familie dar, insbesondere für die Kinder (vgl. S. 80 f.). Auch wenn Eltern kein Paar mehr sind, bleiben sie doch für den Rest ihres Lebens gemeinsam Eltern ihrer Kinder. Eltern können auch nach einer Trennung selber die Weichen für ihre gemeinsame Elternschaft und den Umgang miteinander stellen. Sie haben es zu einem großen Teil selbst in der Hand, die gemeinsame Zusammenarbeit in der Erziehung ihrer Kinder zu gestalten. Die elterliche Zusammenarbeit beeinflusst nicht nur sehr das seelische Gleichgewicht und die weitere Entwicklung der Kinder. Sie wirkt sich wesentlich auch auf das Wohlbefinden der Eltern selber aus. Nach einer Trennung sollten Eltern versuchen, schnell wieder die Belange ihrer Kinder gemeinsam in den Blick zu nehmen und sich ihretwegen wohlwollend abzusprechen. Das ist natürlich oft nicht einfach. Dazu ist es meistens erforderlich, ein Stück weit über den eigenen Schatten zu springen. Zu einseitige Schuldvorwürfe dem Ex-Partner gegenüber sollten möglichst unterlassen werden. Es ist wichtig, den anderen Elternteil vor den Kindern nicht schlecht zu machen, dem Kontakt zum anderen Elternteil gegenüber positiv eingestellt zu sein und die Kinder nicht mit Streitthemen der Erwachsenen zu belasten. Anstelle von Vorwürfen dem anderen gegenüber ist es für die Kooperation hilfreicher, zu hinterfragen, was am eigenen Verhalten für eine positive Zusammenarbeit noch verbessert werden könnte.

Wenn Eltern auch eine gewisse Zeit nach der Trennung keine positive Zusammenarbeit gelingt, können sie sich Hilfe für eine bessere Kooperation organisieren, zum Beispiel in einer Erziehungsberatungsstelle oder in einer psychotherapeutischen Praxis. Bevor Eltern auf den nächsten richtigen Schritt des Ex-Partners warten, kann es sinnvoll sein, selber auf den anderen zuzugehen. Für die psychische Gesundheit der Kinder kann es sonst sehr spät werden.

Probleme ernst nehmen, Gefühle *wahr*-nehmen

Viele traurige und niedergeschlagene Kinder und Jugendliche beschreiben es als eine besondere Belastung, dass keiner wirklich nachvollziehen kann, wie schlecht es ihnen geht, wie groß ihre Depressivität tatsächlich ist. Es ist oft eine große Entlastung und Hilfe, wenn gerade Eltern und andere enge Bezugspersonen dies versuchen und offen über Gefühle sprechen. Es bedeutet Trost und Anerkennung, wenn Sie als Eltern Traurigkeit, Verzweiflung und Angst Ihres Kindes bemerken und ihm zu verstehen geben, dass diese Gefühle richtig sind und sein dürfen, dass sie *wahr* sind. Depressive Kinder und Jugendliche haben diese negativen Gefühle, leiden darunter, sie wissen sich nicht besser zu helfen. Ihre Gefühle sind echt und berechtigt. Es hilft den Betroffenen, ihre Gefühle selber besser zu regulieren, wenn sie spüren, dass sie selber und ihre Gefühle von ihrem engen Umfeld wahrgenommen und verstanden werden.

Kinder und Jugendliche können sich unverstanden fühlen und es kann ihre Einsamkeit noch verstärken, wenn sie Ratschläge hören wie „Du brauchst doch keine Angst zu haben!", „Es gibt doch keinen Grund, so traurig zu sein!" oder „Es ist doch alles ganz einfach!". Das kann ihnen unter Umständen nur signalisieren, dass ihre Person und ihre Gefühle nicht echt sind, dass sie etwas falsch machen, dass sie schwach sind. Auch wenn der Anlass zu Traurigkeit und Angst für die Erwachsenen oft nicht nachvollziehbar erscheint oder die intensiven negativen Gefühle ihres Kindes sogar unberechtigt oder grundlos wirken, ist es hilfreich, dem Kind die auffälligen Gefühle zurückzumelden („Ich merke, dass du traurig bist!"). Es hilft, gemeinsam nach Gründen zu suchen („Was macht dich gerade traurig?") und die Gefühle anzuerkennen („Aus deiner Sicht kann ich gut verstehen, dass du traurig bist!"). Oft ist nur dies als Trost und Hilfe schon eine ganze Menge. Ratschläge, ein Problem zu lösen oder es anders zu sehen, sind dann oft erst als zweiter Schritt sinnvoll und können dann besser angenommen werden.

Es ist traurigen Kindern und Jugendlichen also eine Hilfe, wenn Sie als Eltern (und andere Bezugspersonen)

- sich Zeit nehmen, zuhören und aufmerksam für ihre negativen Gefühle und Probleme sind
- sich in die Gefühlslage Ihres Kindes hineinversetzen
- Ihrem Kind zeigen und aufrichtig und mitfühlend widerspiegeln, welche Gefühle Sie bei ihm wahrnehmen
- zu verstehen versuchen, was Ihr Kind traurig macht
- deutlich machen, dass die Traurigkeit oder andere Gefühle richtig und nachvollziehbar sind (für Ihr Kind mit seiner ganz persönlichen Wahrnehmung und Sicht der Dinge, mit seinen Vorerfahrungen, Belastungen, Stärken und Schwächen)
- erst dann gegebenenfalls gemeinsam mit Ihrem Kind nach Unterstützung suchen, um das Problem zu lösen oder die Stimmung zu verbessern (dabei kann es auch oft ausreichend sein, „nur" Verständnis, Mitgefühl und Nähe zu zeigen, ohne immer gleich Ratschläge bereitzuhalten)
- gegebenenfalls eigene Hilfe anbieten (aber sich damit nicht aufdrängen!).

Über Gefühle und Stimmungen lässt sich nicht streiten, sie sollten nicht zum Anlass für Vorwürfe genommen werden. Auch wenn Aufgaben und Anforderungen zu erfüllen sind, führt es oft nicht zum Ziel, wenn Eltern mit ihren Kindern über die Richtigkeit ihrer Gefühle und Empfindungen streiten. Sehr wohl kann aber deutlich gemacht werden, dass eine Sache richtig und notwendig ist. Statt zu sagen: „So schlecht geht es dir doch auch nicht!", „Du hast doch gar kein Bauchweh!" oder „So viel Angst wie du hat doch keiner!" ist es unterstützender, motivierender und mit weniger Streit verbunden zu zeigen „Ich kann gut verstehen, dass du ganz schön traurig, ärgerlich oder ängstlich bist" oder „dass du denkst, dass es nicht einfach ist" oder „dass die Bauchschmerzen dich belasten". Und dann deutlich zu machen: „Es ist gut, wenn du diese Aufgabe jetzt angehst!" (zum Beispiel einen Streit klären, zur Schule gehen, mit den Hausaufgaben anfangen oder zum Sport gehen).

Es tut Kindern und Jugendlichen gut, wenn Eltern Interesse an ihren Stimmungen und Gefühlen zeigen und Gespräche und Hilfe anbieten. Es tut Kindern und Jugendlichen in der Regel aber nicht gut, wenn Eltern Gespräche und Hilfe erzwingen wollen, sich damit aufdrängen und ihre Kinder unter Druck setzen.

Für Kinder jeden Alters, aber insbesondere für Jugendliche ist es von sehr großer Bedeutung, auch in ihrem Wunsch nach Selbstständigkeit und Autonomie wahrgenommen, ernst genommen und respektiert zu werden. Dasselbe gilt für ihre Grenzen und ihre Privatsphäre.

Zu viel Stress und äußere Belastungen abbauen

Wie aus Abbildung 3 hervorgeht, können Stress und äußere Belastungen wesentlich dazu beitragen, dass Depressivität entsteht und aufrechterhalten wird. Solange zu große Belastungen auf ein Kind einwirken und es überfordert ist, bringt es nur bedingt etwas, die Betroffenen zu anderen Verhaltens- und Sichtweisen zu ermutigen. Es ist dann zunächst sinnvoll, den übermäßigen Stress und die zu starken äußeren Belastungen abzubauen. Hierbei geht es nicht darum, depressive Kinder und Jugendliche über Gebühr zu schonen und von jeglicher Anforderung fernzuhalten. Es geht darum, jene äußeren Einflüsse auszumachen und zu reduzieren, die die Bewältigungsmöglichkeiten übersteigen und auf Dauer eine zu große Belastung darstellen. Alltag und Umfeld eines Kindes sollten hiernach systematisch hinterfragt werden.

- Ist das Kind Gewalt, Misshandlung, Demütigung oder extremer Benachteiligung ausgesetzt?
- Trägt es zu viel Verantwortung, zum Beispiel für die Versorgung, Gesundheit oder das Wohlbefinden anderer Familienmitglieder? Muss es Entscheidungen treffen, denen es noch nicht gewachsen ist?
- Erscheinen dem Kind Umstände in seinem Leben zu unverständlich und bedrohlich? Ist es zu wenig aufgeklärt und informiert (zum Beispiel über die Krankheit eines Elternteils oder bevorstehende Veränderungen)?
- Ist es zu sehr in Streitigkeiten und Auseinandersetzungen der Eltern oder anderer Erwachsener eingebunden? Wird es von Erwachsenen für ihre Zwecke instrumentalisiert? Muss das Kind Dinge übermitteln, die die Erwachsenen selber miteinander besprechen sollten?
- Gibt es belastende, ungelöste Streitigkeiten mit Gleichaltrigen, unverarbeitete Beziehungsabbrüche? Wird das Kind unter Druck gesetzt oder bedroht?
- Ist das Kind schulisch überfordert? Übersteigen die Anforderungen sein Leistungsvermögen? Sind die Erwartungen im Umfeld zu hoch?
- Lässt ein zu voller Kalender mit schulischen Anforderungen, außerschulischer Förderung, Musikunterricht, Vereinsaktivitäten und so weiter zu wenig Raum für Ruhe und eigene Bedürfnisse?

Diese und ähnliche Fragen sollten abgeklärt werden. Zu hohe Belastungen sollten, soweit möglich, minimiert werden. Das Kind kann sich eher positiv entwickeln, wenn es sich sicher fühlt, wenn es angemessen gefordert und gefördert, aber nicht belastet und überfordert wird. Es hilft dem Kind, wenn es (in einem altersangemessenen Umfang) darüber informiert ist, was um es herum passiert. Es tut ihm gut, wenn es ausreichend Zeit, Raum und die Erlaubnis seines Umfeldes hat, eigenen Bedürfnissen und Wünschen nachzugehen, ebenso wie genügend Möglichkeiten, sich zu entspannen und auszuruhen.

Zuneigung, Interesse und positive Aufmerksamkeit

Jungen Menschen zeigen, dass man sie mag und wertschätzt und sich für ihre Belange interessiert, kann man eigentlich nicht oft genug. Besonders depressive Kinder und Jugendliche profitieren davon. Sie selber sind meist in ihren Möglichkeiten eingeschränkt, sich in einem positiven Licht zu sehen. Ihnen hilft es umso mehr, wenn Bezugspersonen ihnen aufrichtig vermitteln, dass sie liebenswert sind. Es müssen nicht immer Worte sein, die Liebe, Zuneigung und Wertschätzung ausdrücken. Es können auch Blicke und Gesten sein, Nähe und Berührungen, ein Drücken und in den Arm nehmen oder auch ein Mitbringsel oder kleines Geschenk, als Zeichen, dass man an das Kind gedacht hat.

Ein sehr wertvolles Geschenk und besonderer Ausdruck der Zuneigung ist für Kinder die Zeit ihrer Eltern – gemeinsam verbrachte Zeit, in der Eltern auch gedanklich ganz bei ihren Kindern sind. Zeit, in der sich die Kinder und Jugendlichen wünschen können, was gespielt oder unternommen wird und in der die Eltern sich möglichst weit auf diese Wünsche und Interessen einlassen. Dabei kommt es gar nicht nur auf die Häufigkeit und die Dauer dieser „wertvollen Zeit" an. Noch wichtiger als die Quantität der gemeinsamen Zeit ist ihre *Qualität*. Eine besondere Qualität ist zum Beispiel die Verlässlichkeit und das Gefühl, dass der andere ganz für einen da ist und auf einen eingeht und sich nicht nur nebenbei und mit halbem Herzen mit einem beschäftigt. Für Eltern und Kind kann es unter Umständen vorteilhaft sein, sich diese wertvollen Zeiten regelrecht vorzunehmen und im Wochenplan fest einzuplanen. Eltern und Kind werden es zumeist genießen.

Gerade bei Kindern und Jugendlichen mit depressiven Symptomen und anderen psychischen Belastungen besteht die Gefahr, dass sich vieles nur noch um die Probleme und Schwierigkeiten dreht. Über das, was gerade nicht gelingt und als belastend erlebt wird, wird viel gesprochen und es erhält Raum und Aufmerksamkeit. Positive Erfahrungen und Erfolgserlebnisse sind möglicherweise selten oder werden gar nicht mehr richtig wahrgenommen. Genau diese positiven Momente und Ausnahmen zu bemerken, bewusst zu betonen und hervorzunehmen, kann sowohl den Kindern als auch den Eltern guttun. Diese gezielte Veränderung des Blickwinkels, trotz und gerade bei Problemen und Schwierigkeiten auch auf das Gute zu fokussieren, kann zur Bewältigung depressiver Verstimmung beitragen. Dabei ist es gut, auch die kleinen Erfolge und Fortschritte, die früher vielleicht selbstverständlich schienen, hervorzuheben. Es kann helfen, dem Kind und sich als Eltern schöne Momente vor Augen zu führen und die Dinge, die trotz allem gelingen, Spaß machen oder Erfolg bringen. Kinder und Jugendliche können dadurch unterstützt werden, wieder eine positive Sicht von sich und der Welt zu entwickeln, sie werden bestärkt und lernen durch die Zuwendung ihrer Eltern. Eltern sollten ihrem Kind allein dafür Respekt und Anerkennung zollen, wenn es eine schwere Zeit und etwas Belastendes durchlebt (wie einen Verlust, eine Trennung oder Krankheit).

Es kann hilfreich sein, *positive Aufmerksamkeit*, wie eben beschrieben, auch ganz systematisch zu fördern und zu nutzen. So können Eltern ein Ritual daraus machen, mit dem Kind jeden Abend an das zu denken und darüber zu sprechen, was es heute Schönes erlebt und geschafft hat und was den Eltern gefallen hat und worüber sie sich gefreut haben. Um sich diese Dinge bewusst zu machen, können sich Eltern gemeinsam mit dem Kind diese schönen Sachen auch in ein „Was-ist-schön-Tagebuch" eintragen. Ebenso kann es Kinder und Jugendliche fördern, ganz gezielt den Erfolg bei einer bestimmten Aufgabe oder Anforderung zu betrachten und dazu einen Plan zu machen (siehe **Kasten 10**).

Sehr ähnlich wie die bewusste Wahrnehmung von positiven Erfahrungen, Erfolgen und Fortschritten ist die ausdrückliche Betonung der persönlichen Stärken des Kindes. Diese *Stärkenorientierung* durch die Bezugspersonen ist eine für das Kind sehr förderliche Haltung. Gerade für traurige Kinder und Jugendliche ist es sehr ungünstig, wenn sie oft mit ihren eigenen Schwächen konfrontiert werden und auf der anderen Seite das, was sie gut können, zu kurz kommt. Oft ist es besser, nicht nur etwaige Probleme, Unzulänglichkeiten und nicht vorhandene Stärken anzugehen, zu fördern und aufzubauen, sondern gezielt auf die bereits vorhandenen Stärken einzugehen, diese zu nutzen und zu erweitern. Was kann das Kind, was zeichnet es aus, was bekommt es oft gut hin und wobei hat es bereits Erfolge? Diese vorhandenen Stärken zu betonen und auszubauen, kann oft schneller zu einer positiven Entwicklung führen und sich auch auf andere Fähigkeiten auswirken, die vielleicht weniger gut ausgebildet sind.

Eine weitere Möglichkeit, Kindern und Jugendlichen positive Aufmerksamkeit und Anerkennung zu ermöglichen, besteht darin, ihnen *Mitbestimmung* und machbare, verantwortungsvolle Aufgaben zu übertragen. In welche Entscheidungen kann das Kind weiter einbezogen werden? An welchen familiären Planungen sollte es mehr teilhaben? Welche reizvollen Aufgaben, Aufträge oder

Kasten 10: An positiven Erfahrungen und Erfolgen wachsen – der Verstärkerplan

Der Verstärkerplan macht sich das Prinzip zunutze, dass Kinder und Jugendliche sehr gut durch Anerkennung, Erfolg und positive Erfahrungen ermutigt werden und lernen können, vor allem bei den Dingen, die ihnen aktuell noch schwerfallen. Es kann daher sinnvoll sein, sich als Eltern (oder auch Lehrkraft) mit dem Kind ein oder zwei Ziele zu setzen, die in einem Plan festgelegt, gemeinsam beobachtet und bewertet werden. Ein solches Ziel kann es zum Beispiel sein, mehrmals in der Woche Freunde zu treffen, selbstständig mit den Hausaufgaben anzufangen, jeden Tag mit dem Hund Gassi zu gehen oder sich in jeder Schulstunde wenn möglich mindestens einmal zu melden. Gemeinsam wird dann jeden Tag eingeschätzt, ob das Ziel erreicht wurde. Jeder Erfolg wird dabei betont. Zur zusätzlichen Motivation und Verstärkung kann das Kind durch Erfolge kleine Belohnungen sammeln. Hierzu eigenen sich zunächst auch stellvertretende, symbolische Verstärker, zum Beispiel in Form von lachenden Gesichtern, Stickern oder Perlen auf einer Kette. Das Kind kann stets sehen, was es schon geschafft hat. Ab einer bestimmten Zahl von Erfolgen und Smileys kann es diese gegen eine größere, vorher vereinbarte Belohnung eintauschen. Diese Belohnung muss nicht immer materieller Natur und teuer sein. Es kann auch eine schöne gemeinsame Unternehmung oder ein Ausflug oder ein bestimmtes Privileg sein (zum Beispiel für einen besonderen Film länger auf zu sein, sein Lieblingsessen zu bekommen oder Freunde zum Übernachten einzuladen).
Verstärkerpläne sind besonders hilfreich, wenn ein paar Dinge beachtet werden: Ziele zu erreichen und bestimmte Dinge zu lernen oder wieder zu erreichen, kann etwas dauern. Eltern sollten Geduld haben und nicht zu viel erwarten. Die Ziele sollten positiv und klar definiert werden (zum Beispiel anstatt „Nicht mehr so viel Zeit allein auf dem Zimmer verbringen" besser „Jeden Tag eine gewisse Zeit draußen spielen"). Das Kind sollte natürlich so weit wie möglich hinter dem Ziel stehen. Die vereinbarten Ziele sollten gut erreichbar sein beziehungsweise im Bereich des Möglichen liegen. Erst wenn etwas längere Zeit gut klappt, können die Anforderungen gegebenenfalls erhöht werden. Die Belohnung beziehungsweise Verstärkung sollte für das Kind wirklich erstrebenswert und eine tatsächlich positive und wünschenswerte Sache sein. Das Kind sollte aber vor allem die Erfahrung machen, dass es auch unabhängig von der Belohnung schön ist, die gesetzten Anforderungen und Ziele zu erreichen. Es sollte erfahren, dass es sich besser fühlt, es weniger Probleme gibt und es vorankommt. In der Regel spielen daher die Smileys und die äußere Verstärkung im Laufe der Zeit immer weniger eine Rolle und meist können sie dann schrittweise verringert werden. Das persönliche Erfolgserlebnis und die Wertschätzung der Eltern wirken aber weiter.

„Ämter" kann das Kind für die Familie, für die Nachbarschaft oder auch in der Schule übernehmen? Es fühlt sich eingebunden und kann Erfolgserlebnisse sammeln, wenn es zum Beispiel Ideen im Internet für die nächste Urlaubsreise sammelt, es recherchiert, wo eine geplante Anschaffung günstig zu erwerben ist, oder den Essensplan für die Familie mitentwickelt. Kinder und Jugendliche empfinden es zumeist als Wertschätzung und Anerkennung, wenn sie um ihre

> **Kasten 11: Justin, 11 Jahre**
>
> Justin macht einen schüchternen Eindruck. Im Umgang mit anderen ist er vorsichtig und wartet ab. In der Schule ist er eher still, hat wenige Interessen und kaum Freunde. Darüber ist er oft traurig. Seine Eltern wünschen sich sehr einen selbstbewussteren Sohn, meinen es gut mit ihm und wollen ihn fördern. Es macht Justin aber noch trauriger, wenn seine Eltern ihm vorhalten, was er alles noch besser hinbekommen sollte.
> Nach einigen Gesprächen bei einer Beratungsstelle nehmen sich seine Eltern vor, mehr auf Justins Stärken einzugehen. Aber was sind eigentlich seine Stärken? Als sie darüber nachdenken, wird ihnen bewusst, wie verlässlich Justin für seine siebenjährige Schwester sorgt und sich mit ihr beschäftigt, wenn die Eltern bei der Arbeit oder unterwegs sind. Außerdem versorgt Justin sehr selbstständig und zuverlässig seine beiden Meerschweinchen. Er weiß viel über Meerschweinchen und hat im Umgang mit ihnen viel Geschick. Seine Eltern zeigen ihm, wie stolz sie auf ihn sind und wie sehr sie diese Stärken an ihm schätzen.
> Es entsteht die Idee, in der Schule ein Referat über Meerschweinchen zu halten. Kompetent stellt Justin seiner Klasse viel Wissen, Fotos und einen kleinen selbst gedrehten Film über seine Meerschweinchen vor. Von seiner Lehrerin und seinen Mitschülern bekommt er Applaus und viel Anerkennung. Mit Unterstützung seiner Eltern beginnt er, sich häufiger mit einem Klassenkameraden zu treffen, der auch Meerschweinchen besitzt. Auch im Unterricht beteiligt Justin sich etwas häufiger. Einem älteren Herrn in der Nachbarschaft bringt er jetzt für dessen Kanarienvogel Futter und Vogelsand mit und bekommt dafür von ihm viel Dank und ab und zu etwas Kleingeld. Durch seine ersten Erfolge und positiven Erfahrungen sowie die Anerkennung seiner Eltern beginnt Justin, sich glücklicher und mutiger zu fühlen.

Meinung, Ratschläge oder Hilfe gefragt werden, besonders in Bereichen, in denen sie sich auskennen (siehe **Kasten 11 und 12**).

Die in diesem Abschnitt angesprochenen Prinzipien, eine bewusst positive Wahrnehmung des Kindes zu schärfen und für seine Entwicklung zu nutzen, können viel positive Kraft für niedergeschlagene Kinder und Jugendliche, aber auch für ihre Eltern entfalten. Diese Haltung darf nicht missverstanden werden als ein Versuch, alles ausschließlich positiv zu sehen. Auch die Schwierigkeiten, das Leid und die Probleme brauchen Raum und Anerkennung. Sie dürfen aber nicht alles dominieren und dazu führen, dass die eher guten Dinge, gerade wenn sie selten vorkommen, vergessen und nicht ausreichend gewürdigt werden.

Struktur, Rituale und Regeln

Depressive Kinder und Jugendliche profitieren von einem mehr oder weniger *regelmäßigen Tagesablauf* und einer *verlässlichen Alltagsstruktur*, zu der sie angehalten und ermutigt werden sollten. Auch wenn es für traurige Kinder und

Kasten 12: Marie, 16 Jahre

Marie mochte sich selbst nicht, sie konnte sich, aber auch die meisten anderen Menschen nicht ausstehen. Oft grübelte sie und dachte über die Sinnlosigkeit ihres Lebens nach. Aus ihrer Sicht waren die meisten Menschen zu oberflächlich und nahmen die wichtigen Dinge im Leben gar nicht wahr. Oft kam sie früher aus der Schule nach Hause, zog sich in ihr Zimmer zurück und ging kaum noch nach draußen. Als sich Stimmung und Antrieb zusehends verschlechterten und sie ihrer Mutter eines Abends mitteilte, immer öfter Suizidfantasien zu haben, entschied sich Marie gemeinsam mit ihren Eltern, eine Psychotherapie zu beginnen.
Im Verlauf der Therapie wurde auch thematisiert, dass Marie wieder mehr unternehmen und aktiver werden wollte, aber nicht so recht wusste, was und wie. Marie bemerkte, dass sie früher eine Zeit lang gerne fotografiert hatte und von einem Onkel auch eine gute Kamera bekommen könnte. Im Rahmen der Therapie entwickelte sie die Idee, die Welt um sich herum und die Menschen aus ihrer Sicht zu fotografieren. Marie begann bald damit, sehr schöne Schwarz-Weiß-Aufnahmen, zumeist Detailansichten, von ihrer Umgebung, Gebäuden, Blumen und Pflanzen und Menschen verschiedenen Alters anzufertigen. Manchmal war sie damit mehrere Stunden am Tag beschäftigt. Dabei war sie viel unterwegs und kam mit anderen Menschen ins Gespräch.
Da ihr für die digitale Verarbeitung der Fotos Wissen fehlte, traf sie sich wieder häufiger mit einem alten Bekannten, der sich gut mit dem Fotografieren auskannte. Später beteiligte sie sich auch in der Foto-AG an ihrer Schule und lernte dort neue Leute kennen. Für ihre Bilder, einige davon wurden auch in einer Zeitung abgedruckt, erhielt sie viel Lob und Anerkennung. Ihr neues Hobby half Marie sehr, ihre Depressivität zu überwinden

Jugendliche schwer und anstrengend erscheint, ist es gerade wegen ihrer gedrückten Stimmung und ihres reduzierten Antriebs wichtig, die normalen Abläufe und Strukturen aufrechtzuerhalten. Dies betrifft zum Beispiel regelmäßige Mahlzeiten, Zeiten, ins Bett zu gehen und aufzustehen, sowie auch andere Pflichten und regelmäßige Unternehmungen und Verabredungen (zum Beispiel Sport, Vereinsbesuche). Auch zum regelmäßigen Schulbesuch sollten die Kinder unbedingt ermuntert und angehalten werden, er ist von großer Bedeutung. Gegebenenfalls kann es sinnvoll sein, einen gemeinsamen Plan für den groben Tages- und Wochenablauf zu vereinbaren.

Auch *Rituale* helfen Kindern und Jugendlichen, ein Gefühl von Sicherheit, Orientierung und Vorhersagbarkeit zu bewahren oder zurückzugewinnen. Schöne Rituale, die meistens auch den Eltern guttun, sind zum Beispiel das Vorlesen vor dem Einschlafen, das Sonntagmorgenfrühstück, der Kakao nach den Hausaufgaben, das gemeinsame Gesellschaftsspiel, der regelmäßige Kinobesuch oder das gemütliche Bad.

Günstig für das familiäre Miteinander ist es oft, *gemeinsame Regeln* für wichtige und zentrale Dinge zu vereinbaren. Gerade wenn es bei bestimmten alltäglichen Angelegenheiten (wie zum Beispiel bei den Themen Hausaufgaben, Fernsehen und Computer, Umgang der Geschwister, Sauberkeit und Ordnung) immer wieder Unstimmigkeiten gibt und zu Reibereien kommt, empfiehlt es sich, diese gemeinsam in einem ruhigen Rahmen zu thematisieren und sich auf grundlegende Regeln zu einigen.

Kinder sollten beim Aufstellen wichtiger Regeln einbezogen werden. Ihnen sollte klar sein, wozu eine Regel gut ist, was passiert, wenn sie eingehalten wird (Zeit zum Spielen, weniger Stress und so weiter), und welche angemessene Konsequenz erfolgt, wenn die Regel nicht eingehalten wird (zum Beispiel Wiedergutmachung). Die Vereinbarungen bleiben für alle deutlich und nachvollziehbar, wenn sie aufgeschrieben werden. Es hilft, wenn im Alltag dann diese strittigen Themen nicht wieder jedes Mal neu diskutiert werden müssen, sondern die Eltern ruhig bleiben und auf die Absprachen verweisen können. Die Regeln sollten klar formuliert sein, aber nicht völlig unflexibel und rigide gehandhabt werden, sie sollten für die Kinder und Jugendlichen eine positive Orientierung darstellen. Selbstverständlich sollten Vereinbarungen auch für die Eltern gelten.

Aktivitäten und Kontakte fördern

Eine depressive Stimmung mit Traurigkeit, Niedergeschlagenheit und Antriebslosigkeit trägt oft zu einem Rückzug der betroffenen Kinder und Jugendlichen bei. Depressiven Kindern fehlt oft die Energie, der Mut und die Vorfreude, ihren Interessen und Hobbys und anderen schönen Aktivitäten nachzugehen. Sie haben weniger Verabredungen und Kontakte zu Gleichaltrigen. Dies führt dazu, dass sie weniger Spaß und Ausgelassenheit erleben. Stattdessen ist ihnen oft langweilig und sie erleben weniger Bestätigung. Freundschaften und Beziehungen zu Gleichaltrigen kühlen ab. All dies trägt wiederum zur Verschlechterung der Stimmung bei. Diesen Teufelskreis gilt es zu unterbrechen.

Die Förderung von Aktivitäten, Unternehmungen und sozialen Kontakten kann in vielen Fällen zur emotionalen Stabilisierung beitragen. Auch dies ist oft leichter gesagt als getan, gerade in Anbetracht der Energie- und Lustlosigkeit, die traurige Kinder und Jugendliche erleben. Oft lohnt sich aber der Versuch, wieder aktiver zu werden.

Bei der Förderung von Aktivitäten und Kontakten geht es nicht darum, dass das Kind oder der Jugendliche neue, aufwendige Hobbys beginnt. Ziel ist es, dass der junge Mensch in irgendeiner Form wieder aktiver wird, ab und zu wieder etwas Schönes unternimmt oder sich etwas gönnt und dadurch merkt, dass er seine Stimmung positiv beeinflussen kann. Entsprechende Aktivitäten können auch vermeintlich kleine Dinge im Alltag sein, zum Beispiel bewusst Musik hören, ein Bad nehmen, etwas kochen, eine kleine Fahrradtour unternehmen, ein Buch lesen, Karten spielen, Urlaubsfotos sortieren, ein Bild malen und Ähnliches. Sie als Eltern können Ihr Kind anregen zu überlegen, wozu es Lust hätte und was ihm Spaß macht. Dabei ist es gut für die Entwicklung, auch Interessen, Aktivitäten und Kontakte außer Haus zu fördern und zu unterstützen.

Die Kinder können am besten selber aussuchen, welchen Unternehmungen sie nachgehen möchten. Ihre Eltern sollten ihnen aber wenn nötig dabei helfen und sie ermutigen, Ideen zu sammeln und sich dann zu entscheiden. Traurige, niedergeschlagene Kinder und Jugendliche profitieren, wenn sie dabei eng begleitet und unterstützt werden, Ideen für Interessen und Unternehmungen zu sammeln, und vor allem dabei, diese zu planen und umzusetzen. Kindern und Jugendlichen tun Hobbys, Spaß und Freizeitaktivitäten gut. Gerade bei mutlosen Kindern kann es hilfreich sein, wenn die Eltern freundlich-beharrlich bleiben und Aktivitäten notfalls fest vereinbaren und in den Wochenablauf einplanen. Es gibt viele Hobbys und Freizeitmöglichkeiten und es ist nicht immer leicht, sich für etwas zu entscheiden und dann vor allem auch dabeizubleiben.

Einen festen Rahmen bieten oft *Gruppen und Vereine* (Fußball, Handball, Football, Tennis, Turnen, Leichtathletik, Ballett, Kampfsport, viele andere Sportarten, Musik, Tanz, Theater, Malen, Basteln, Sammeln, Fanclubs, Freiwillige Feuerwehr, Angebote von Jugendzentren, Pfadfinder, Landjugend, kirchliche Gruppen, Rotes Kreuz, Schul-AGs und vieles mehr). Eltern sollten damit rechnen, dass ihre Kinder gerade bei neuen Vereinen anfangs möglicherweise skeptisch sind oder auch anfangs euphorisch und später gelangweilt reagieren. Bezugspersonen sollten auch dafür Verständnis zeigen, aber den eingeschlagenen Weg weiter verfolgen.

Natürlich ist auch der regelmäßige Kontakt zu Gleichaltrigen von großer Bedeutung. Dieser ist in Vereinen und Gruppen meist gut möglich. Aber auch darüber hinaus benötigen zurückgezogene Kinder und Jugendliche oft Ermunterung und Förderung, sich im Alltag mit anderen zu verabreden, sich zu treffen oder andere nach Hause einzuladen (vgl. auch S. 91f., Kinder brauchen Freunde).

Bewegung im Allgemeinen und *sinnliche Erfahrungen und Genuss* sind besonders förderlich. Jede Form körperlicher Aktivität kann sich positiv auf die Stimmung auswirken. Gerade traurigen Kindern und Jugendlichen tun Sport und Bewegung gut. Natürlich lässt die depressive Symptomatik mit Müdigkeit, Antriebslosigkeit und wenig Freude oft nur kleine Schritte zu. Auch hier hilft es, wenn Sie als Eltern Grenzen akzeptieren und Ihrem Kind zugestehen, Ihre Ratschläge abzulehnen. Sie sollten Ihr Kind zu nichts zwingen oder sich aufdrängen. Auch hier zählen (kleine) Veränderungen im Alltag. Die Eltern sollten ihre

Kinder ermuntern, sich zu bewegen, rauszugehen, zu laufen, Rad zu fahren, Sport zu treiben und so weiter. Auch sinnliche Erfahrungen können sich positiv auf Stimmung und Antrieb auswirken. Es ist schön, mit den Händen oder dem ganzen Körper etwas zu spüren und zu erfahren (einen Teig zu kneten, im Sand zu graben, im Laub zu spielen, etwas zu basteln oder zu bauen, eine Kissenschlacht, eine gegenseitige Massage und so weiter), etwas bewusst zu schmecken und zu genießen (zum Beispiel beim gemeinsamen Kochen), etwas gezielt zu hören (zum Beispiel die Lieblingsmusik, Geräusche in der Natur) oder zu riechen (Nahrungsmittel, Blumen, die Luft, Parfum und so weiter).

Für Aktivitäten, Unternehmungen und Kontakte (und auch im Hinblick auf viele andere Themen) ist das elterliche Vorbild von großer Bedeutung. Es hilft den Kindern und Jugendlichen, aktiver zu werden, wenn die Eltern ihnen dabei ein Vorbild sind, wenn sie selber nicht den ganzen Tag auf dem Sofa sitzen, fernsehen und niemanden treffen, sondern aktiv sind, andere Menschen treffen und Interessen nachgehen. Ganz allgemein sollten sich Eltern gemeinsam mit ihren Kindern um eine schöne und angenehme familiäre Stimmung und Atmosphäre bemühen.

Ein realistische und optimistische Sichtweise fördern

Wie bereits beschrieben (S. 94), können einseitige, überzogen kritische und negative Wahrnehmungs- und Bewertungsmuster zur Entwicklung und Aufrechterhaltung depressiver Verstimmung beitragen und selber Teil und Ausdruck der Depression sein. Wenn Kinder und Jugendliche entsprechende verzerrt negative Einschätzungen äußern („Das wird sowieso nichts!", „Keiner versteht mich!", „Meine Schwester ist immer schrecklich zu mir!", „Ich kann nichts!" und so weiter), ist es als Bezugsperson zumeist nicht sinnvoll, sie sofort von etwas anderem überzeugen zu wollen. Auch hier ist es oft günstiger, die Wahrnehmung und die Gefühle des Kindes zunächst verstehen zu wollen und zu akzeptieren („Wie kommst du darauf?", „Was ist passiert?", „Aus welchem Grund denkst du das?", „Ich merke, dass du deswegen ganz traurig bist", „Das fühlt sich bestimmt schlecht an, sich so allein zu fühlen?" und so weiter).

In einem zweiten Schritt können Eltern und andere Bezugspersonen dem Kind dann dabei helfen, die einseitig negativen Denkmuster infrage zu stellen und aufzubrechen. Eltern können dann zum Beispiel an positive Dinge und Ausnahmen erinnern, Verallgemeinerungen relativieren, Erfolge herausstellen und Befürchtungen „entkatastrophisieren" („Letztes Mal hast du es ganz gut hinbekommen!", „Ich finde es toll, dass du dich immer wieder anstrengst!", „Du kannst nicht alles, aber schon einiges, du hast noch Zeit!", „Frag ihn doch mal, ob er sich wirklich nicht mit dir treffen möchte!", „Was könntest du denken, damit du es gut überstehst?", „Wie möchtest du an die Sache gerne rangehen?" und so weiter). Bezugspersonen können Kinder und Jugendliche so oft unterstützen und ermutigen, sich und ihre Fähigkeiten realistisch einzuschätzen und der Zukunft etwas optimistischer entgegenzusehen. Früher oder später kann dies dazu führen, dass sie sich besser fühlen. Aber auch das kann natürlich dauern. Versuchen Sie als Eltern ihr Kind nicht zu sehr zu überreden, respektieren Sie auch seinen eigenen Standpunkt.

Probleme schrittweise angehen und realistische Ziele setzen

Bei gedrückter Stimmung und reduziertem Antrieb, aber auch oft vor dem Hintergrund vieler realer Belastungen sind depressive Kinder und Jugendliche oft mit vielen Problemen konfrontiert. Einzelne Schwierigkeiten können sich zu einem großen Berg von Problemen anhäufen, der dann riesig und unüberwindbar erscheint.

Eine Depression zieht oft weitere Probleme nach sich, zum Beispiel Schwierigkeiten mit Gleichaltrigen, in der Familie und in der Schule. Selbst kleine Herausforderungen des Alltags können zu großen Hürden werden. Irgendwann fehlen Kraft und Zuversicht, sich überhaupt noch mit Problemen auseinanderzusetzen („Ich bekomme nichts richtig hin!", „Immer ist mir langweilig!", „Wie finde ich Freunde?", „Die Lehrer sind schrecklich!", „Wie löse ich den Streit?", „Wie komme ich über die Trennung meiner Eltern hinweg?", „Was mache ich bloß in den Ferien?" und so weiter).

Eltern können ihre Kinder dabei unterstützen, sich Problemen zu stellen und sie zu lösen und dabei systematisch vorzugehen (vgl. auch **Kasten 13**). Wenn sehr viele Probleme vorliegen beziehungsweise wahrgenommen werden, kann es bereits schwer sein, sich überhaupt für eines dieser Probleme zu entscheiden, mit dem man sich beschäftigen möchte. Sie als Eltern können Ihrem Kind deutlich machen, dass es nicht alle Probleme auf einmal bewältigen kann, und es ermutigen, mit einem anzufangen. Gemeinsam können Sie dann alle Möglichkeiten, wie mit dem einen Problem umgegangen werden kann, sammeln, um danach die Möglichkeiten abzuwägen. Ihr Kind sollte sich dann für die Lösung entscheiden, die ihm sinnvoll, hilfreich, machbar und effektiv erscheint. Die Umsetzung der Lösung sollte dann so weit wie nötig vorbereitet und konkret geplant werden. Die Umsetzung der Lösung und das Erreichen des Ziels sollten gemeinsam beobachtet und bewertet und der Erfolg dann anerkannt und genossen werden. Eine richtige Lösung kann es unter Umständen auch sein, zu erkennen, im Moment tatsächlich nichts an einem Problem ändern zu können und es demnach akzeptieren zu müssen.

> **Kasten 13: Probleme schrittweise und systematisch angehen**
>
> 1. Was ist das Problem, mit dem ich mich jetzt beschäftigen möchte? Ich entscheide mich für eines.
> 2. Welche Lösungen und Möglichkeiten gibt es überhaupt, mit dem Problem umzugehen? Ich sammle zunächst möglichst viele Ideen, ohne die einzelnen Möglichkeiten gleich zu bewerten.
> 3. Welche Lösung hilft mir am besten weiter und ist die sinnvollste? Ich wäge die einzelnen Lösungen danach ab, welche Folgen sie für mich und andere Menschen haben und wozu sie kurzfristig, aber vor allem auch langfristig führen.
> 4. Ich entscheide mich für eine Lösung!
> 5. Wie und wann kann ich die Lösung umsetzen? Ich überlege, ob ich noch etwas vorbereiten sollte, mache mir einen Plan und lege möglichst genau fest, wie, wann und wo ich die Lösung umsetze.
> 6. Ich freue mich, dass ich mein Problem gelöst habe oder einen Schritt weitergekommen bin! Wenn es nicht geklappt hat, muss ich gegebenenfalls ab Punkt 2 erneut überlegen.

Möglichkeiten und Grenzen elterlicher Unterstützung

In den vorangegangenen Abschnitten sind verschiedene Möglichkeiten beschrieben worden, wie Eltern traurigen, niedergeschlagenen und lustlosen Kindern helfen und sie bei der Bewältigung ihrer depressiven Stimmung unterstützen können. In **Kasten 14** sind nochmals alle Ansätze und Strategien zusammengefasst. Wie bereits oben erwähnt, sollten Sie als Eltern sich nicht unter Druck gesetzt fühlen, Ihre Erziehung von heute auf morgen umzustellen und alles zu verändern. Das ist in den meisten Fällen gar nicht erforderlich und genauso wenig sinnvoll. Hilfreicher ist es, sich die eine oder andere neue Strategie und Veränderung zu überlegen, sie auszuprobieren und schrittweise zu verfolgen. Ebenso ist es hilfreich, die weiter oben benannten grundsätzlichen Überlegungen zu beachten (vgl. S. 108 f.). Zuneigung und Liebe, Wertschätzung und Anerkennung, Verständnis und Interesse sind vor allen speziellen Erziehungsstrategien und Methoden das Wichtigste, was Eltern ihren Kindern geben können, gerade wenn sie psychisch belastet sind.

Aber auch alle Elternliebe und die besten Erziehungsstrategien reichen allein oft nicht aus, wenn Kinder und Jugendliche unter ernst zu nehmenden psychischen Problemen und Störungen leiden, wie einer ausgeprägten Depression. Auch das ist wichtig zu erkennen und sich einzugestehen! Dann ist in den meisten Fällen Hilfe von außen, in Form fachlicher und professioneller Unterstützung, sinnvoll und notwendig. Eltern sollten für ihre Kinder und sich immer dann zusätzliche Hilfe holen, wenn

- sie sich allein überfordert fühlen
- die Probleme des Kindes schwerwiegend erscheinen und andauern
- das Kind im Alltag beeinträchtigt ist
- das Kind isoliert und hoffnungslos wirkt.

Weitere Anlässe, schnell Hilfe zu suchen, können besondere Warnzeichen sein: Äußerungen, dass das eigene Leben sinnlos ist, Todesfantasien, selbstverletzendes Verhalten, Vermeiden des Schulbesuchs, deutliche Veränderungen in Appetit und Essen oder Schlafen, ausgeprägte Ängste (zum Beispiel das Haus zu verlassen), ein Missbrauch von Alkohol oder Drogen oder auch kriminelle Handlungen. Allgemein gilt: Lieber zu früh als zu spät Hilfe holen! Je früher eine notwendige Behandlung oder sonstige Unterstützung beginnt, umso mehr hilft sie.

Kasten 14: Was Eltern tun können – Überblick über mögliche Formen der Unterstützung und Hilfe für depressive Kinder und Jugendliche

- Zuneigung, Liebe, Interesse und Verständnis zeigen
- Stimmungsprobleme verstehen und ernst nehmen
- dem Kind Zeit lassen, schwierige Erfahrungen zu verarbeiten
- Gefühle wahrnehmen und anerkennen
- Grenzen und Privatsphäre des Kindes respektieren
- Hilfe und Gespräche anbieten, aber nicht erzwingen
- als Eltern zusammenarbeiten
- zu viel Stress und äußere Belastungen reduzieren
- das Kind gezielt positiv betrachten, auch kleine Erfolge und Fortschritte anerkennen, wertschätzen und verstärken
- Stärken des Kindes berücksichtigen und betonen
- Erfolgserlebnisse und Eigenverantwortung fördern, machbare Aufgaben übertragen
- gemeinsam wertvolle Zeit verbringen
- regelmäßige Strukturen im Alltag aufrechterhalten
- Rituale pflegen
- gemeinsam Regeln vereinbaren
- Aktivitäten, Interessen und Unternehmungen aufbauen
- soziale Kontakte fördern
- Bewegung, sinnliche Erfahrungen und Genuss ermöglichen
- eine realistische und optimistische Sichtweise unterstützen
- helfen, Probleme schrittweise anzugehen und zu lösen

Wie finden Eltern die richtigen Hilfen?

Depressionen im Kindes- und Jugendalter lassen sich in vielen Fällen gut behandeln. Für Kinder und Jugendliche mit psychischen Problemen und ihre Familien gibt es viele gute Angebote professioneller Hilfe und Unterstützung. Diese Angebote umfassen vor allem:

- ambulante Psychotherapie
- gegebenenfalls stationäre Behandlung
- gegebenenfalls medikamentöse Therapie
- Erziehungsberatung
- Jugendhilfemaßnahmen
- Hilfen in der Schule.

Diese Möglichkeiten möchten wir Ihnen im Folgenden genauer vorstellen. Eine gute erste Anlaufstelle für Eltern kann der Kinder- beziehungsweise Hausarzt sein, der sich zumeist gut mit hilfreichen weiterführenden Angeboten in der Umgebung auskennt. Ihnen als Eltern steht es darüber hinaus natürlich frei, sich selbstständig an Hilfseinrichtungen zu wenden (hilfreiche Internetadressen hierfür finden sich Anhang). Jede Einrichtung für Kinder, Jugendliche, Eltern und Familien sollte sich zunächst verantwortlich fühlen und Eltern helfen, geeignete Ansprechpartner zu finden.

Psychotherapie

Eine psychotherapeutische Behandlung ist bei psychischen Problemen von Kindern und Jugendlichen, wie einer depressiven Störung, in vielen Fällen sinnvoll und angebracht. Eine Psychotherapie kann ambulant oder auch stationär erfolgen. In den meisten Fällen ist eine ambulante Behandlung ausreichend, in eher seltenen Fällen ist eine stationäre Behandlung sinnvoll oder gar notwendig (siehe unten).

Psychotherapeutische Behandlungen können von Kinder- und Jugendlichenpsychotherapeuten beziehungsweise psychologischen Psychotherapeuten und ärztlichen Psychotherapeuten sowie von Fachärzten für Kinder- und Jugendpsychiatrie und Psychotherapie durchgeführt werden. Kinder- und Jugendlichenpsychotherapeuten sind Psychologen oder Pädagogen mit spezieller Weiterbildung und Erfahrung. Viele Psychotherapeuten sind in eigener Praxis niedergelassen, ebenso wie Fachärzte für Kinder- und Jugendpsychiatrie. Kontakte und Adressen können Eltern unter anderem von ihrem Kinderarzt oder der Krankenkasse erhalten oder im Internet finden (siehe Anhang). Wenn eine Kassenzulassung des Therapeuten vorliegt, werden die Kosten einer psychotherapeutischen Behandlung von der Krankenkasse übernommen. Auf die Eltern kommen keine Kosten zu. Weitere Einrichtungen, in denen Kinder und Jugendliche psychotherapeutisch behandelt werden, sind Ambulanzen von Kliniken für Kinder- und Jugendpsychiatrie und teilweise Sozialpädiatrische Zentren und Erziehungsberatungsstellen (siehe unten).

Ablauf einer psychotherapeutischen Behandlung

Im Rahmen einer ambulanten Behandlung finden Termine in der Regel etwa ein- bis zweimal wöchentlich bis 14-tägig statt. Vor der eigentlichen Behandlung besteht natürlich die Möglichkeit, die Therapeutin beziehungsweise den Therapeuten in einer Sprechstunde und in unverbindlichen Vorgesprächen kennenzulernen. Eine tragfähige, vertrauliche Beziehung ist wichtig für die gemeinsame Arbeit. Im Weiteren beginnt der Therapeut, sich zunächst ein genaues Bild von den Schwierigkeiten und Stärken Ihres Kindes und Ihrer Familie zu machen. Im Rahmen der Diagnoseabklärung führt der Therapeut gezielte Gespräche mit dem Kind und Ihnen als Eltern. Er sammelt Vorinformationen und führt gegebenenfalls Fragebogenerhebungen sowie Leistungs- und Entwicklungstestungen durch (eine genaue Beschreibung der Diagnostik findet sich ab S. 50f.). Wenn die Diagnostik nach einigen Sitzungen abgeschlossen ist, teilt der Therapeut der Familie seine Einschätzung darüber mit, ob eine behandlungswürdige psychische Störung vorliegt. Er klärt Sie und Ihr Kind über mögliche weitere Behandlungsschritte, mögliche Hilfsangebote und Weiterempfehlungen auf. Sind Sie und Ihr Kind einverstanden mit dem Angebot der ambulanten Behandlung und ausreichend motiviert dazu, wird ein gemeinsamer Behandlungsrahmen vereinbart und die Therapie kann (nach einem Antrag bei der Krankenkasse) beginnen. An dieser Stelle sei erwähnt, dass aufgrund einer immer noch nicht optimalen Versorgungssituation Familien oft mit einer gewissen, teils längeren Wartezeit vor einer Behandlung in einer psychotherapeutischen Praxis rechnen müssen.

Die mögliche Dauer einer ambulanten Behandlung liegt zwischen wenigen bis zu über hundert therapeutischen Sitzungen. 25 bis 60 Stunden sind oft die Regel. Wichtige Voraussetzungen für Erfolge und Fortschritte in der Therapie sind die aktive Mitarbeit des Kindes beziehungsweise Jugendlichen und ebenso der Eltern. Neben den Sitzungen mit dem Kind sollten auch regelmäßige Gespräche mit den Eltern und nach Absprache gegebenenfalls auch mit weiteren Bezugspersonen, wie etwa den Großeltern, Geschwistern oder Lehrkräften, stattfinden.

Inhalte der Therapie

Im Rahmen der Therapie werden die gemeinsam von der Familie und dem Therapeuten vereinbarten Ziele verfolgt. Das allgemeine Ziel besteht darin, die Depression und ihre Hintergründe zu bewältigen. Einzelne Ziele können dabei zum Beispiel sein, dass sich das Kind sozial besser integriert, selbstbewusster, aktiver und lebenslustiger wird, Ängste überwindet, Stress besser bewältigt, einen Verlust verarbeitet oder auch dass das familiäre Miteinander besser gelingt.

In der Therapie mit dem Kind beziehungsweise dem Jugendlichen ist die vertrauensvolle, einfühlsame und Sicherheit gebende therapeutische Beziehung oft allein schon eine große Hilfe. Das Kind erfährt Halt, wird in seiner Erfahrung verstanden und unterstützt und je nach Alter in seiner Selbstreflektion gefördert. Es kann auch negative Gefühle und Gedanken äußern, sich in einem geschützten Rahmen mit seiner Vergangenheit auseinandersetzen und sich selbst besser verstehen. Ebenso sind Stärken, die das Kind bereits besitzt, besonders wichtig. Sie werden bewusst gemacht und betont. Neue hilfreiche Fähigkeiten werden gefördert. Die Möglichkeiten für das Kind, sich in seinen Gefühlen, Gedanken und Verhaltensweisen selber besser kennenzulernen und diese in gewünschter Weise zu regulieren, werden ausgebaut. Abhängig von den persönlichen Hintergründen, Ursachen und Bedingungen der depressiven Symptomatik werden darüber hinaus weitere therapeutische Strategien und Methoden verfolgt. In den aktuellen Leitlinien wichtiger Fachverbände wird vor allem die sogenannte Kognitive Verhaltenstherapie als Behandlungsmethode empfohlen. Zu den typischen Inhalten der Kognitiven Verhaltenstherapie gehört es:

- Auslöser und Hintergründe der Depression zu erkennen, die eigene psychische Belastung besser verstehen zu lernen
- angenehme Aktivitäten, Genuss und Entspannung zu fördern
- den Umgang mit Gefühlen zu verbessern
- einseitig negative Gedanken und Sichtweisen zu hinterfragen und hilfreiche realistische und stärker positive Wahrnehmungen und Bewertungen zu entwickeln
- soziale Kompetenzen zu stärken, eigene Bedürfnisse angemessen zu äußern, sich selbst zu behaupten und Beziehungen positiver zu gestalten
- sich eigener Ziele und Werte bewusster zu werden, Ziele schrittweise anzugehen
- Strategien zu erproben, Probleme systematisch zu lösen
- besser mit Stress umzugehen
- das familiäre Miteinander zu stärken und familiäre Probleme anzugehen (vgl. auch Groen & Petermann, 2011).

Solche therapeutischen Strategien bei der Behandlung depressiver Kinder und Jugendlicher sind mittlerweile sehr gut erprobt, haben sich bewährt und sind in ihren positiven Auswirkungen recht gut untersucht. Je nach Alter, Entwicklungsstand und Interessen wird in den Therapiesitzungen mit dem Kind beziehungsweise Jugendlichen nicht nur über seine Erfahrungen, Probleme und Stärken gesprochen. Es werden unter anderem auch kreative Mittel eingesetzt (zum Beispiel Malen oder Basteln) und Rollenspiele, Entspannungsübungen und andere praktische therapeutische Übungen durchgeführt. Arbeitsblätter werden bearbeitet, es wird Wissen vermittelt und darüber hinaus gespielt und Spaß miteinander gehabt. Ein wichtiger Teil der Therapie sind Absprachen und Übungen für den Alltag. Hierbei trifft der Therapeut mit dem Kind oder Jugendlichen Vereinbarungen, zum Beispiel bestimmte Verhaltensweisen auszuprobieren und zu trainieren, sich in bestimmten Situationen zu beobachten und zu bewerten oder Ideen zu bestimmten Themen zu sammeln und aufzuschreiben. Es ist wichtig, dass neue, in der Therapie besprochene Erkenntnisse und Fertigkeiten im richtigen Leben erprobt und umgesetzt werden.

Wie bereits erwähnt, ist die *aktive Mitarbeit der Eltern* von großer Bedeutung. Sie als Eltern kennen Ihre Kinder am besten und begleiten sie durch den Alltag. In Gesprächen mit Ihnen kann der Umgang mit Ihrem Kind, Ihre Beziehung zu ihm, Ihre Überzeugungen und Strategien in der Erziehung sowie die familiäre Kommunikation thematisiert und reflektiert werden.

Mithilfe der Analyse alltäglicher Anforderungen, über Aufklärung und Wissensvermittlung und auch unter Berücksichtigung der Gefühlslage der Eltern können Stärken und positive Dinge in der Familie bewusster werden und hervorgehoben werden. Gemeinsam wird versucht, besser zu verstehen, welchen Ursprung und welche Bedeutung die Beschwerden des Kindes auch im familiären Miteinander haben können. Anknüpfend an die gemeinsamen Überlegungen können hilfreiche Veränderungen ausprobiert und angeschoben werden. Das therapeutische Vorgehen sollte immer abgesprochen und für die Familie nachvollziehbar sein. Bestehen Unklarheiten, sollten die Eltern nachfragen und sich unklare Punkte erläutern lassen.

Stationäre Behandlung

Unter gewissen Umständen kann eine stationäre Behandlung in einer Klinik sinnvoll oder auch notwendig sein, um depressive Kinder und Jugendliche wirksam zu therapieren. Die stationäre psychiatrische Behandlung ist heute glücklicherweise nicht mehr mit so vielen Vorurteilen und überkommenen Abwertungen besetzt wie früher. Eine stationäre Behandlung kann Kindern, Jugendlichen und ihren Familien eine große und nachhaltige Hilfe und ein erster wichtiger Schritt sein.

Mögliche Gründe für eine stationäre Behandlung depressiver Kinder und Jugendlicher sind:

- Die depressive Symptomatik ist sehr stark ausgeprägt.
- Das Kind oder der Jugendliche ist nicht oder fast gar nicht mehr in der Lage, alltägliche Anforderungen und Aufgaben zu bewältigen. Der Betroffene besucht zum Beispiel gar nicht mehr oder nur noch sehr unregelmäßig die Schule und verlässt kaum noch das Haus. Im Umgang mit anderen kann er sich kaum noch angemessen verhalten.
- Es liegen weitere ernst zu nehmende psychische Störungen oder Krisen vor, zum Beispiel häufiges selbstverletzendes Verhalten, der anhaltende Missbrauch oder die Abhängigkeit von Alkohol oder Drogen, ausgeprägte Essstörungen, starke Ängste oder besonders reizbares oder aggressives Verhalten.
- Eine längere ambulante Psychotherapie hat keine richtigen Fortschritte gebracht.
- Das familiäre Umfeld ist aktuell durch Krisen und besondere Umstände schwer belastet, zum Beispiel durch heftige Streitigkeiten, schwere psychische Krisen oder körperliche Erkrankungen der Eltern oder eine Vernachlässigung oder Misshandlung der Kinder. In diesen Fällen sind in der Regel auch Maßnahmen der Jugendhilfe sinnvoll und notwendig (siehe unten).
- Es besteht Selbstmordgefahr. Wenn ein Kind beziehungsweise ein Jugendlicher deutliche Suizidabsichten hat oder diese nicht mehr steuern kann, ist eine umgehende stationäre, gegebenenfalls auch geschlossene Behandlung nicht nur sinnvoll, sondern notwendig. Dies gilt auch bei anderen stark selbstgefährdenden Impulsen oder Verhaltensweisen. In besonderen Fällen muss ein Kind oder Jugendlicher auch gegen seinen Willen, nach fachlicher Untersuchung und elterlicher Aufklärung und mit richterlichem Beschluss, den die Eltern beantragen, vor sich und den Gefährdungen durch die psychische Belastung geschützt und stationär in einer Klinik untergebracht werden.

Die stationäre Psychotherapie erfolgt zumeist in Kliniken für Kinder- und Jugendpsychiatrie und Psychotherapie. In diesen Kliniken arbeiten Menschen verschiedener Berufe und Kompetenzen. Dazu gehören Fachärzte, Psychotherapeuten, Psychologen, Pädagogen, Erzieher, Krankenpfleger, Kunst-, Bewegungs- und Musiktherapeuten und so weiter. Außer bei Aufnahmen in Krisen und zur Akutbehandlung dauert eine stationäre Behandlung oft mehrere Wochen bis einige Monate. Ebenso wie in der ambulanten Psychotherapie werden individuelle Ziele verfolgt, die mit dem Kind oder Jugendlichen und den

Eltern am besten im Vorfeld abgesprochen werden. Eine stationäre Behandlung sollte nach Möglichkeit gut vorbereitet sein. Die Motivation und aktive Mitarbeit der Kinder und der Familie ist in aller Regel erforderlich und Voraussetzung für den therapeutischen Erfolg. Die jungen Patienten und ihre Eltern werden über alle Behandlungsschritte aufgeklärt.

In der Klinik hilft den Kindern und Jugendlichen oft ein klar strukturierter und geregelter Tagesablauf mit einer pädagogischen, therapeutischen und medizinischen Begleitung. Neben regelmäßigen therapeutischen Gesprächen gibt es unter anderem Schulunterricht, viele pädagogische Angebote, Sport, musische und Freizeitaktivitäten. Jedes Kind hat individuelle Ansprechpartner, zu denen es ein Vertrauensverhältnis aufbauen kann.

Vorteile der stationären Behandlung sind, dass die Schwierigkeiten und die Stärken der Kinder den ganzen Tag bei verschiedenen Unternehmungen gut und systematisch beobachtet, eingeschätzt und verstanden werden können. Oft hilft es dem Kind zunächst auch, nicht mehr den alltäglichen Anforderungen und möglichen Belastungen ausgesetzt zu sein. Dadurch hat es mehr Zeit für sich und kann sich besser auf seine Behandlung konzentrieren. Die Gruppe der Gleichaltrigen auf einer Station (oft etwa 10 bis 15 Patienten) bietet ein besonderes Übungs- und Lernfeld, Verhalten zu reflektieren, neue Dinge auszuprobieren, hilfreiche Erfahrungen zu machen und Kompetenzen zu erwerben. Probleme können intensiv angegangen, Stärken ausgebaut und besser genutzt und Fortschritte systematisch und schrittweise gefördert werden.

Im weiteren Verlauf der stationären Behandlung ist es dann wichtig, neues Verhalten und Denken unter den normalen Lebensumständen auszuprobieren, zum Beispiel an Wochenenden zu Hause oder wenn von der Station aus wieder die eigentliche Schule besucht wird. Eine Alternative, gerade auch für Kinder, kann statt einer sogenannten vollstationären eine *teilstationäre oder tagesklinische Behandlung* sein. In diesem Fall verbringen die Kinder den Tag vom Morgen bis zum frühen Abend in der Klinik und sind abends und die Nacht über sowie am Wochenende in ihrem vertrauten Umfeld zu Hause.

Bei einer stationären psychiatrischen Behandlung kann es unter Umständen auch zu unerwünschten Wirkungen und Effekten für die Entwicklung der jungen Menschen kommen. Hierzu zählen zum Beispiel die möglichen Gefahren, dass Kinder und Jugendliche sich problematische Verhaltens- und Sichtweisen von anderen Patienten abgucken. Sie können darunter leiden, von ihrem vertrauten Umfeld und von ihren Bezugspersonen getrennt zu sein (trotz der Möglichkeit regelmäßiger Besuche). Ebenso können sie sich abgestempelt fühlen und von anderen Gleichaltrigen mit dem Klinikaufenthalt konfrontiert und damit geärgert werden. Sie als Eltern sollten genau wie Ihre Kinder alle Bedenken ansprechen und offene Fragen mit den Mitarbeitern der Klinik klären. Wenn alle gut zusammenarbeiten, halten sich unerwünschte Konsequenzen in Grenzen, da ihnen gezielt entgegengewirkt werden kann. Oft kommt es oft zu wichtigen Fortschritten und Erfolgen (siehe **Kasten 15**).

> **Kasten 15: Jugendliche über die Behandlung in einer Klinik**
>
> „Ich hätte nie gedacht, dass mir die Klinik etwas bringt. Meine Eltern und mein ambulanter Therapeut mussten mir viel Mut machen, dass ich mich darauf einlasse. Aber zu Hause und in der Schule ging es mir echt immer schlechter. In den ersten Tagen war es nicht einfach, doch dann habe ich gemerkt, dass mich hier keiner beißt. Es war gut, andere Jugendliche kennenzulernen, denen es genauso schlecht ging wie mir. Ich hatte regelmäßige Treffen mit meiner Betreuerin, Gruppen und Gespräche mit einer Therapeutin. Auch sonst hatte ich meistens einen ganz schön vollen Tag und ein ordentliches Programm. Manchmal konnten wir auch nur so rumhängen. Irgendwie ging es mir dann doch Tag für Tag etwas besser, ich glaube, vor allem, weil ich mich entschieden habe, was zu erreichen."
>
> *Lea (16 Jahre)*

Auch von einer stationären Therapie darf man natürlich keine Wunder und das Ende aller Schwierigkeiten erwarten. Oft ist sie nur der erste Schritt von weiteren und kann einen gewissen, aber entscheidenden Anstoß für nachfolgende Erfolge und Weiterentwicklungen geben. Im Verlauf der Behandlung ist es daher wichtig, weitergehende Begleitung, Hilfe und Unterstützung für die Zeit nach dem Klinikaufenthalt sicherzustellen.

Medikamentöse Behandlung

Eine medikamentöse Behandlung (*Psychopharmakotherapie*) kann bei schwererer oder auch besonders lang anhaltender Depression erwogen werden. Zur medikamentösen Behandlung von depressiven Erwachsenen liegen heute einige wissenschaftliche Forschungsergebnisse vor, die eine positive Wirkung zeigen. Die Datenlage im Kinder- und Jugendbereich ist noch weniger umfassend und nicht immer eindeutig. Eine pharmakologische Behandlung depressiver Kinder und Jugendlicher ist unter bestimmten Umständen dennoch zu überlegen:

- Die depressive Symptomatik ist stark ausgeprägt oder die Depression dauert schon sehr lange an und andere Hilfen haben keine wesentliche Besserung ergeben.
- Die medikamentöse Behandlung sollte immer nur in Kombination mit anderen therapeutischen und pädagogischen Hilfen erfolgen und in einen Gesamtbehandlungsplan eingebettet sein.

- Die Behandlung sollte von einem Facharzt durchgeführt werden und vorangehende und begleitende körperliche Untersuchungen umfassen. Die jungen Patienten und ihre Eltern müssen gut informiert und aufgeklärt werden und mit der Behandlung einverstanden sein.
- Unerwünschte Wirkungen müssen gut beobachtet und abgewogen werden.

Medikamente zur Behandlung von Depressionen werden Antidepressiva genannt. Die aktuellen Leitlinien empfehlen zur Behandlung mittelgradig und schwer depressiver Kinder und Jugendlicher den Wirkstoff Fluoxetin. Dieses Medikament zählt zu den sogenannten Selektiven Serotonin-Wiederaufnahmehemmern (SSRI) und ist bisher als einziges für Depression im Kindes- und Jugendalter zugelassen (es können allerdings nach besonderer Aufklärung und dem Einverständnis der Patienten und ihrer Eltern auch andere Medikamente eingesetzt werden). Fluoxetin soll den Hirnstoffwechsel positiv beeinflussen, indem es die Verfügbarkeit bestimmter Überträgersubstanzen (*Neurotransmitter wie Serotonin*) im Gehirn verbessert. Dadurch soll die Stimmung aufgehellt, der Antrieb gesteigert oder Anspannung gelöst werden. SSRI zählen heute zu den am häufigsten eingesetzten Antidepressiva bei Kindern und Jugendlichen. Sie gelten als *vergleichsweise* wirksam, sicher, verträglich und nebenwirkungsarm (auch wenn natürlich Risiken immer zu beachten sind). Bei starken anderen oder zusätzlichen psychischen Störungen oder Symptomen (zum Beispiel Anspannung, Unruhe, Angst, Schlaflosigkeit) kann auch der Einsatz anderer Psychopharmaka erwogen werden.

Mögliche unerwünschte Wirkungen von Antidepressiva können Schlafstörungen, Verstopfungen, Übelkeit, Unruhe, Kopfschmerzen, sexuelle Funktionsstörungen und Herz-Kreislauf-Störungen sein. Unter enger ärztlicher Begleitung sollten all diese möglichen unerwünschten Wirkungen gut kontrolliert werden können und die Medikamente gegebenenfalls auch wieder abgesetzt werden. Wenn ein Medikament wirkt, tritt ein positiver Effekt nach mehreren Tagen bis wenigen Wochen ein. Eine laufende Behandlung sollte nicht ohne Absprache mit dem Facharzt unterbrochen oder beendet werden.

Gerade bei sehr schweren Fällen können Antidepressiva den betroffenen Menschen den Weg aus Phasen tiefer Schwermut und starker Antriebslosigkeit oft erleichtern. Bevor Eltern und ihre Kinder sich für eine Behandlung mit Medikamenten entscheiden, sollten sie in Ruhe all ihre Fragen mit Fachleuten besprechen.

Erziehungsberatung

Wenn Eltern in der Erziehung Schwierigkeiten oder bestimmte Fragen haben oder ihr Kind psychisch belastet wirkt, kann auch Erziehungsberatung eine sinnvolle Hilfe darstellen. Wenn Eltern sich im Umgang mit ihren Kindern unsicher fühlen, das Verhalten ihrer Kinder nicht mehr verstehen, sie an ihre Grenzen kommen, sich in der Erziehung erschöpft fühlen, sind Erziehungsberatungsstellen eine gute Anlaufstelle. Dasselbe gilt, wenn die Zusammenarbeit der Eltern untereinander nicht mehr gut funktioniert. In Deutschland gibt es mehr als tausend Erziehungsberatungsstellen, in denen Pädagogen und Psychologen tätig sind. Träger sind Städte und Gemeinden, Kirchen, Wohlfahrtsverbände oder andere Vereine. Wie auch im Rahmen anderer Behandlungsangebote unterliegen die Mitarbeiter der Schweigepflicht, alles wird vertraulich behandelt. In der Regel entstehen keinerlei Kosten. Die Mitarbeiter können Gespräche mit den Eltern oder der ganzen Familie führen, aber auch Kindern und Jugendlichen Begleitung anbieten. Sie gehen auf die Probleme und Stärken der Eltern ein, suchen mit ihnen nach Lösungen und vermitteln Wissen und Beratung. Viele Beratungsstellen bieten auch Gruppen für Eltern oder ihre Kinder an.

Abhängig von den zugrunde liegenden Anliegen und Wünschen kann die Beratung nach wenigen Terminen beendet werden oder auch einen längeren Zeitraum regelmäßiger Termine über einige Monate umfassen. Manchmal bieten Erziehungsberatungsstellen in einem gewissen Rahmen auch Psychotherapie an oder empfehlen eine weiterführende Hilfe.

Jugendhilfe und Hilfen in der Erziehung

Gemäß dem Sozialgesetzbuch VIII (Kinder- und Jugendhilfegesetz) hat jeder junge Mensch ein Recht auf Förderung seiner Entwicklung und eine angemessene Erziehung. Erziehung ist das „natürliche Recht" der Eltern und auch ihre Pflicht. Dem Gesetz entsprechend bietet der Staat Kindern, Jugendlichen, Eltern und Familien bestimmte Formen von Hilfe an, um junge Menschen in ihrer Entwicklung und ihre Eltern in der Erziehung zu unterstützen und ein positives familiäres Umfeld zu begünstigen. Das Familienleben und die Erziehung können durch viele verschiedene Belastungen erschwert sein, die Entwicklung eines Kindes durch unterschiedliche Dinge gefährdet. Hierzu zählen soziale Benachteiligungen, schwierige elterliche Trennungen oder körperliche Erkrankungen oder psychische Probleme der Eltern oder der Kinder. Liegen entsprechende Belastungen oder Gefährdungen vor, haben Eltern ein Recht auf Hilfe.

Zu der niedrigschwelligen Form der Jugendhilfe gehört auch die bereits oben genannte Erziehungsberatung. Weitere pädagogische Angebote richten sich stark nach den alltäglichen Bedürfnissen und Schwierigkeiten von Kindern und Familien und können, anders als andere Unterstützungsangebote, auch sogenannte aufsuchende Hilfen umfassen, etwa in Form einer *sozialpädagogischen Familienhilfe*. Diese Hilfe erfolgt zumeist zu Hause im Alltag der Familien. Eine Familienhilfe begleitet eine Familie, in der Regel an einigen Stunden in der Woche über einen längeren Zeitraum, und unterstützt sie unter anderem dabei, Alltagsprobleme zu lösen und Konflikte und Krisen zu bewältigen. Die Zusammenarbeit zwischen Familienhilfe und den Erziehungsberechtigten ist dabei selbstverständlich von großer Bedeutung. Eine andere Form der Hilfe, die sich noch stärker an die Kinder und Jugendlichen richtet, ist ein sogenannter Erziehungsbeistand. Eine pädagogische Fachkraft unterstützt junge Menschen bei der Bewältigung von konkreten Problemen, Herausforderungen und schwierigen Entwicklungsaufgaben, wie etwa der sozialen Einbindung, der Freizeitgestaltung, dem Selbstständigwerden oder der beruflichen Orientierung. Weitere Angebote der Jugendhilfe sind *soziale Gruppenangebote*, regelmäßige *Tagesgruppen* bis hin zu *betreutem Wohnen* und *Heimerziehung*.

Eltern, aber auch Kinder und Jugendliche selber, können sich bei Schwierigkeiten oder in Problemlagen an das örtliche Jugendamt wenden, das der Kreis- bzw. Stadtverwaltung angegliedert ist. Bei den Mitarbeitern können sie sich unverbindlich informieren und beraten lassen und gegebenenfalls Hilfen beantragen, die dann geprüft werden.

Hilfe im Notfall und bei Krisen

Ausnahmesituationen und Krisen können schnelle Hilfe erforderlich machen. Das kann zum Beispiel der Fall sein, wenn sich das Kind oder der Jugendliche mit Selbstmordgedanken trägt, sich unerwartet selbst verletzt, vor Erschöpfung und Traurigkeit zusammenbricht, starke Angst- und Panikzustände erlebt, extrem erregt und aggressiv reagiert oder von zu Hause wegläuft. Oder auch dann, wenn den Eltern etwas anderes akut bedrohlich und nicht nachvollziehbar erscheint. Bei akuten psychischen Krisen können Eltern und junge Menschen schnell, notfalls auch unmittelbar (auch nachts) Vorstellungstermine bei den regional zuständigen Kliniken für Kinder- und Jugendpsychiatrie vereinbaren. Alternativ kann in Notfällen, psychischer oder auch körperlicher Art, die Unfallnotzentrale beziehungsweise der Notruf kontaktiert werden. Im Zusammenhang mit starker Aggressivität und Gewalt, begangenen oder drohenden Straftaten oder auch Weglaufen kann die Polizei schnell und kurzfristig helfen. Existieren zu Hause akute Engpässe bei der Betreuung und Erziehung der Kinder, zum Beispiel bei starker psychischer Belastung oder einer Erkrankung der Eltern, einem Krankenhausaufenthalt der Eltern oder starken Streitigkeiten im häuslichen Umfeld, ist auch das Jugendamt Ansprechpartner.

Hilfe in der Schule

Ein regelmäßiger Schulbesuch und die regelmäßige Mitarbeit in der Schule sind eine wichtige Aufgabe und alltägliche Herausforderung von Kindern und Jugendlichen und ein großer Teil ihres Lebens. Für die Entwicklung der Persönlichkeit und des Selbstwertes spielt Schule eine bedeutende Rolle. Depressionen können Kindern und Jugendlichen einen freudvollen und erfolgreichen Schulbesuch erheblich verleiden und dadurch zu weiteren Belastungen führen. Auf der anderen Seite können schulische Schwierigkeiten zur Entwicklung von Depressionen beitragen.

Kinder und Jugendliche mit Stimmungsproblemen haben nicht selten auch Schwierigkeiten in der Schule. Die Konzentration sowie die Kraft, die Motivation und der Spaß, zu lernen und mitzuarbeiten, können in Mitleidenschaft gezogen sein. Oft sind traurige Kinder und Jugendliche auch vor Angst und Unsicherheit gehemmt, sich in den Unterricht einzubringen oder Arbeiten erfolgreich zu schreiben. Vielleicht fühlen sie sich von Lehrkräften und Mitschülern schneller angegriffen und ungerecht behandelt und können sich nicht angemessen behaupten. Es fällt ihnen schwerer, Kontakt zu Gleichaltrigen zu finden und Freundschaften zu schließen oder aufrechtzuerhalten. Es besteht die Gefahr, sich allein und abgelehnt zu fühlen. Vielleicht werden sie auch tatsächlich von anderen ausgegrenzt und geärgert. Konflikte mit Lehrkräften, Gleichaltrigen und den Eltern nehmen zu, Leistungen lassen weiter nach. Durch all diese Schwierigkeiten kann depressiven Kindern und Jugendlichen der Schulbesuch immer schwerer fallen. Als eine mögliche letzte Komplikation wollen sie gar nicht mehr zur Schule und beginnen den Schulbesuch zu vermeiden. Ausbleibender Erfolg und wenig Spaß in der Schule sowie stärker werdende Schwierigkeiten und Sorgen können zur Zunahme der Depressivität und zu noch mehr Rückzug führen.

Auch schulische Probleme können von sich aus depressive Symptome begünstigen, wie zum Beispiel Überforderung und zu hohe Leistungsansprüche, Konkurrenzdruck oder Ausgrenzung und Mobbing (siehe **Kasten 16**). Oft kommt es zu einer gegenseitigen Aufschaukelung von schulischen Schwierigkeiten und Belastungen auf der einen und psychischen Problemen auf der anderen Seite.

Kasten 16: Mobbing in der Schule

Cliquenbildung, gegenseitige Provokationen sowie Witze und Sprüche auf Kosten anderer Schüler sind zu einem gewissen Ausmaß Teil des normalen Schulalltags. Nicht bei jeder Hänselei handelt es sich immer gleich um Mobbing. Doch es gibt auch länger anhaltendes, gezieltes, nahezu systematisches Fertigmachen, Anpöbeln, Bloßstellen und Ausgrenzen einzelner Schüler, was dann als Mobbing bezeichnet werden kann. Mobbing kann viele Formen und Methoden umfassen. Es reicht von Auslachen, Spotten, Schikanieren bis hin zu Drohen, persönliche Dinge des anderen zerstören oder ihn stoßen, treten und schlagen. Mobbing zeichnet sich durch ein ungleiches Kräfteverhältnis aus zwischen einem vermeintlich schwächeren Opfer und einem oder mehreren stärkeren Tätern. Den Opfern fällt es schwer, sich zu verteidigen, oft fühlen sie sich ihren Drangsalierern hilflos ausgeliefert. Andere Mitschüler schauen oft tatenlos zu. Die Opfer geraten immer mehr ins soziale Abseits. Folgen für die Betroffenen können neben Ängsten und psychosomatischen Beschwerden auch depressive Stimmungen sein. Eltern und Lehrkräfte sollten die Betroffenen ansprechen und ermutigen, sich mitzuteilen. Die Schule ist gefordert, sowohl das Thema „Mobbing" im Allgemeinen als auch einzelne Fälle offen und deutlich anzugehen. Sie ist gefordert, im Rahmen ihrer Möglichkeiten die Opfer zu schützen und die Täter mit ihren Taten zu konfrontieren und konsequent zu handeln.

Immer häufiger finden Ausgrenzung und Mobbing unter Gleichaltrigen auch in sozialen Netzwerken im Internet oder in Chatgruppen statt (sogenanntes *Cybermobbing*). Erwachsene Bezugspersonen sollten auch diese Gefährdung nicht unterschätzen

Grundsätzlich sollten Eltern ihre Kinder, trotz oder gerade wegen ihrer Stimmungsprobleme, weiterhin dazu anhalten und sie ermutigen, die Schule regelmäßig zu besuchen und auch Hausaufgaben zu erledigen. Sie sollten den Kontakt und den Austausch mit der Schule suchen und sich eng und wohlwollend mit den Lehrkräften absprechen. Es hilft allen Beteiligten und vor allem den Kindern und Jugendlichen wenig, wenn Eltern und Schule sich gegenseitig Vorwürfe machen.

Lehrkräfte und Eltern sollten vereinbaren, sich bei Auffälligkeiten, Schwierigkeiten und Versäumnissen gegenseitig zu informieren. Eltern sollten gegebenenfalls auch den Austausch zwischen den Lehrkräften und weiteren in die Betreuung und Behandlung des Kindes eingebundenen Menschen, wie zum Beispiel Ärzten oder Psychotherapeuten, ermöglichen. Vonseiten der Eltern und der Schule können bei besonderen Schwierigkeiten auch Beratungs- und Vertrauenslehrkräfte oder der schulpsychologische Dienst hinzugezogen werden. Bei schwerwiegenden und anhaltenden psychischen oder sozialen Auffälligkeiten in der Schule sollten Eltern weitere professionelle Hilfe aufsuchen, eine fachliche Diagnostik veranlassen und eine therapeutische Begleitung in Erwägung ziehen.

Die Möglichkeiten der Schule, auf psychische Belastungen einzelner Schüler intensiver einzugehen und persönliche Hilfe anzubieten, sind oft begrenzt. Dies ist vor allem auf die gegebenen Rahmenbedingungen zurückzuführen, wie unter anderem große Klassen, volle Lehrpläne, Unterrichtsverpflichtungen und die geringe Anzahl von weitergebildeten Beratungslehrkräften mit entsprechenden Sprechzeiten, Sonderpädagogen, Schulpsychologen und Schulsozialarbeitern.

Was können Lehrkräfte aber tun? Lehrkräfte sollten einfühlsam für die Stimmungen und psychischen Befindlichkeiten ihrer Schüler sein. Sie sollten bei besonderen Auffälligkeiten oder auch plötzlichen Veränderungen das Gespräch mit den Schülern und ihren Eltern suchen und gegebenenfalls weitere Hilfsmöglichkeiten mit ihnen besprechen. Hilfreich für Lehrkräfte können hierbei allgemeine Informationen und das Wissen über mögliche Anzeichen und Hintergründe psychischer Störungen von Kindern und Jugendlichen, wie etwa Depressionen, sein. Ansonsten können Lehrkräfte viel für eine gute Lehrer-Schüler-Beziehung, für ein positives Klassenklima und damit in einem gewissen Maß auch für das Wohlbefinden eines jeden Schülers tun. Es erweist sich als hilfreich, gemeinsam klare Regeln für das Miteinander zu vereinbaren und Probleme und Schwierigkeiten anzusprechen und zu thematisieren. Lehrkräfte können zum Beispiel auch durch kooperative Arbeitsformen, gruppendynamische Maßnahmen und einen integrativen Führungs- und Unterrichtsstil die Gemeinschaft stärken und Ängsten und gegenseitigen Anfeindungen unter Schülern sowie zwischen Lehrkräften und Schülern vorbeugen. Lehrkräfte können alle Schüler, aber auch vermeintlich schwächere, unsichere, traurige oder ängstliche Schüler aufbauen und fördern, indem sie ihnen positive Aufmerksamkeit schenken, sie selbst in kleinen Bemühungen bestärken, ihnen Erfolgserlebnisse ermöglichen und Hoffnung vermitteln. Für jede Altersstufe können auch gezielt Themen im Unterricht aufgegriffen werden, in denen es zum Beispiel um die Bedeutung und den Ausdruck von Gefühlen, psychische Gesundheit, den Umgang mit Stress, Freundschaft und soziale Kompetenzen oder Hobbys und Interessen geht. Hierzu bieten sich verschiedene interaktive Lehrformen an, wie kreative Methoden, Rollenspiele, Partnerübungen, Gruppendiskussionen oder Entspannungsübungen. Entsprechende Unterrichtseinheiten, Lehrmaterialien und auch Präventions- und Trainingsprogramme, die sich für den Einsatz an der Schule eignen, liegen heute in einer größer werdenden Anzahl vor.

Es kann sein, dass ein Kind oder Jugendlicher, auch unabhängig von seiner psychischen Problematik, in der aktuellen Schule, Schulform oder Klasse im Hinblick auf seine Lern- und Leistungsvoraussetzungen den Anforderungen einfach nicht gewachsen ist. Es macht dann oft wenig Sinn, ein Kind weiterhin dieser Überforderung und Belastung auszusetzen. Gemeinsam mit der Schule sollten in diesem Fall weitere geeignete Maßnahmen und Fördermöglichkeiten abgesprochen werden.

Bei anhaltend großen Leistungs- und Lernschwierigkeiten, aber auch schweren Verhaltensauffälligkeiten kann es sinnvoll sein, einen „sonderpädagogischen Förderbedarf" offiziell zu prüfen. Kinder und Jugendliche mit einer ausgeprägten Lernschwäche, aber auch starken und anhaltenden psychischen Störungen haben das Recht auf besondere Förderung. Diese kann zum Beispiel spezieller Förderunterricht an der Schule, ein Nachteilsausgleich oder eine Schulbegleitung sein. Im Rahmen einer sonderpädagogischen Begutachtung nehmen speziell ausgebildete Lehrkräfte im Austausch mit den Lehrkräften des Kindes und den Eltern eine genaue Einschätzung der Stärken des Kindes und seiner Lernschwierigkeiten vor und erstellen eine Empfehlung für weitere Maßnahmen. Einen Antrag auf eine derartige Begutachtung können Eltern, am besten in Absprache mit den Lehrkräften des Kindes, formlos an die Schulleitung richten.

In diesem letzten Abschnitt des Buchs haben wir verschiedene Möglichkeiten beschrieben, wie Sie als Eltern Ihrem traurigen Kind zur Seite stehen können und welche Formen professioneller und fachlicher Hilfe es gibt. Oft ist es gerade das Zusammenspiel der familiären Unterstützung und der Förderung zu Hause auf der einen Seite sowie der professionellen Begleitung auf der anderen Seite, das Kindern und Jugendlichen hilft, ernstere Stimmungsprobleme zu bewältigen. Eltern und Angehörige sollten sich im Umgang mit traurigen Kindern und Jugendlichen ihre Hoffnung bewahren und diese an die jungen Menschen weitergeben. Eltern sollten auch bereit sein, eigene Einflüsse auf das Kind kritisch zu hinterfragen. Es hilft traurigen Kindern und Jugendlichen, wenn ihnen und ihren Problemen Verständnis entgegengebracht wird, wenn sie wirklich ernst genommen werden und auch an ihre Stärken geglaubt wird. Dann finden sich in aller Regel gemeinsam gute Lösungen, die traurige Kinder und Jugendliche wieder mehr Glück und Zufriedenheit finden lassen.

Hilfreiche Adressen und Kontakte

Telefon- und Onlineberatung für Kinder und Jugendliche und ihre Eltern der Bundesarbeitsgemeinschaft Kinder- und Jugendtelefon e. V.
Tel.: 0800 111 0 550 (Elterntelefon)
Tel.: 116 111 (Kinder- und Jugendtelefon)
www.nummergegenkummer.de

Telefonseelsorge
Tel.: 0800 111 0 111 oder 0800 111 0 222 oder 116 123
Mailberatung, Chatberatung, Vor-Ort-Beratung
www.telefonseelsorge.de
Österreich: Tel.: 142; www.telefonseelsorge.at
Schweiz: Tel.: 143; www.tel-143.ch

Online-Suche von niedergelassenen Psychotherapeuten
- Bei der Bundepsychotherapeutenkammer: www.bptk.de/service/therapeutensuche.html
- Bei der Kassenärztlichen Bundesvereinigung: www.kbv.de/html/arztsuche.php
- Beim Berufsverband Deutscher Psychologinnen und Psychologen: www.psychotherapiesuche.de
- Pro Psychotherapie e. V.: www.therapie.de

Beratungsangebote für Jugendliche und Eltern, Bundeskonferenz für Erziehungsberatung e. V.; Beratungsstellensuche
www.bke.de
Forum, Gruppen- und Einzelchat, Einzelberatung
www.bke-beratung.de

Informationen, Kontakte und Adressen des Kinderschutzbundes
www.dksb.de

Kinder- und jugendpsychiatrische Behandlungsangebote (Kliniken und Praxen) sowie Informationen für Eltern des Berufsverbandes für Kinder- und Jugendpsychiatrie, Psychosomatik und Psychotherapie in Deutschland e. V. (BKJPP)
https://www.kinderpsychiater.org/praxen-kliniken-ambulanzen/

Deutsche Depressionshilfe, Wissen und Informationen, auch zu regionalen Angeboten zum Thema Depression
www.deutsche-depressionshilfe.de

Fighting Depression Online der Stiftung Deutsche Depressionshilfe: Informationen für Betroffene und Angehörige
www.fideo.de

Freunde fürs Leben e. V.: Informationen über Suizidalität und Depression, Anschauungsmaterial (einschl. Unterrichtsmaterial für Lehrerinnen und Lehrer)
www.frnd.de

Bundespsychotherapeutenkammer: Informationen zu belastenden Gefühlen von Jugendlichen, z. B. Traurigkeit, und dem Umgang damit; Adressen und Kontakte
www.gefuehle-fetzen.de

AOK: Familiencoach Depression, Hilfe für Angehörige und Freunde (insbesondere von Erwachsenen mit Depressionen), praxisnahe Informationen und Tipps für den alltäglichen Umgang, inkl. Videos
https://depression.aok.de/

Informationen und Kontakte zu Selbsthilfegruppen
- Psychiatrienetz www.psychiatrie.de
- www.bapk.de
- Nationale Kontakt- und Informationsstelle zur Anregung und Unterstützung von Selbsthilfegruppen (NAKOS) www.nakos.de

Verwendete und weiterführende Literatur

Bowlby, J. (1975). *Bindung*. Frankfurt: Fischer.
Grawe, K. (2004). *Neuropsychotherapie*. Göttingen: Hogrefe.
Groen, G. & Verbeek, D. (2018). *Wieder besser drauf! Ein Ratgeber für Jugendliche mit Stimmungstiefs und Depressionen*. Köln: Balance.
Groen, G. & Petermann, F. (2015). *Therapie-Tools Depression im Kindes- und Jugendalter*. Weinheim: Beltz.
Groen, G. & Petermann F. (2011). *Depressive Kinder und Jugendliche (2. Aufl.)*. Göttingen: Hogrefe.
Groen, G., Ihle, W., Ahle, M. E. & Petermann, F. (2012). *Traurigkeit, Rückzug, Depression. Informationen für Betroffene, Eltern, Lehrer und Erzieher*. Göttingen: Hogrefe.
Ihle, W., Groen, G., Walter, D., Esser, G. & Petermann, F. (2012). *Leitfaden Kinder- und Jugendpsychotherapie. Depressionen*. Göttingen: Hogrefe.
Petermann, F. & Petermann, U. (2018). *Lernen: Grundlagen und Anwendungen*. Göttingen: Hogrefe.
Verbeek, D. & Petermann, F. (2015). *Essstörungen bei Jugendlichen vorbeugen. Auffälliges Essverhalten erkennen und behandeln*. Göttingen: Hogrefe.

Sachwortregister

A
Abschied nehmen 88
ADHS 66, 67
Adipositas 65
Aktivität
- Förderung 122
- körperliche 123
Alkoholmissbrauch 67, 127
Allgemeine Depressionsskala 55
Alltag
- Auswirkungen 61
- familiärer, Hilfen 85
Alltagsprobleme, Hilfe 50
Alltagsstruktur, verlässliche 120
Anamnese 53
Anerkennung 33, 120
- ausdrücken 38
Anforderungen, machbare 32
Ängste 63
Angststörung 62
- generalisierte 64
- Jugendalter 79
Anhedonie 44
Anorexie 65
Anpassungsstörung 48
Ansprechpartner, richtige 51
Antidepressiva 75, 135
Antrieb
- fehlender 25
- reduzierter 125
Antriebslosigkeit 44, 122
- Diagnosen 47

- Ursachen 57
- zunehmende 17
Armutsbericht 88
Auffälligkeiten, Abklärung 51
Aufmerksamkeit
- elterliche 30
- wertschätzende 117, 118
Aufmerksamkeitsstörung 66, 67
Ausgeglichenheit, emotionale,
  Hobbys 100
Ausnahmesituationen, Hilfen 137
Ausschlussdiagnostik 57

B
Bauchschmerzen 16, 62
Bedürfnisbefriedigung 32
Beeinträchtigung, alltägliche 42
Behandlung
- ambulante, Dauer 129
- medikamentöse 134
- stationäre psychiatrische 131, 132
- stationäre, Vorteile 133
- teilstationäre 133
Behandlungsmöglichkeiten,
  hilfreiche 107, 108
Belastungen, äußere, Abbau 116
Belohnung, positive 119
Benachteiligung, soziale 88
Bestrafung 37
Betreutes Wohnen 137
Bettnässen 22
Bewertungen, persönliche 94, 95

Bewertungsmuster, negative 124
Bewertungs- und Denkmuster,
  einseitige und negative 95
Beziehungserfahrungen, frühe 30
Beziehung, unterstützende 31
Bezugspersonen, Säugling 29
Bindung
– sichere 28
– sichere, Entwicklung 31
Bindungserfahrung, verinnerlichte 29
Bindungssicherheit, Stärkung 30
Bindungsverhalten 29
Bipolare affektive Störung 49
Bipolare Störung 49
Botenstoffe 75
Bulimie 65

C
Cannabis 24
Cybermobbing 90, 139

D
Denken
– Jugendalter 78
– negatives, pessimistisches 97
Denkmuster
– einseitige, Depressionsrisiko 95, 96
– negative, Veränderung 124
Depression
– Anzeichen, Signale und Symptome 108, 109
– Einschätzung 42
– Einstufung 45
– Entwicklung, Einflüsse 104
– Erklärungen, Sichtweisen 103
– Faktoren, körperliche 74
– Gründe und Ursachen 71
– Häufigkeit 59
– Jugendliche 59
– Kernsymptome 44
– Kriterien 41
– milde, langandauernde 48
– postpartale 76
– Symptome 41
– Ursachen und Einflüsse 103
– Ursachen und Risiken 73, 74
– Verlaufsformen 48
– Zunahme 60
Depressionsgefährdung,
  Mädchen 102
Depressionsinventar für Kinder
  und Jugendliche 54
Depressionstest für Kinder 55
Depressive Störung
– Beschreibung 43
– Diagnosen 45
– Entwicklung 103
– Verlauf 61
Depressivität, Auffälligkeiten,
  mögliche 47
Diagnose
– definierte 43
– Informationsquellen 52, 53
– Methoden 52, 53
Diagnosestellung 50
Diagnostik
– Ablauf 50
– Bezugspersonen, Befragung 56
– Gesamteindruck, aussagekräftiger 56
– körperliche 57
– Verlauf 52
Drogenmissbrauch 67, 127
Dysthymia 48

E
Eigenverantwortung 110
Einmischung, ständige 30
Einverständniserklärung 57
Eltern
– als Modell 38
– psychisch kranke 84
– psychisch kranke,
  Unterstützung 84
– Trennung 80, 81, 82
– Trennung, Verhaltensweisen 82, 84
– Zusammenarbeit 113
Elterngespräch, diagnostisches 53

Sachwortregister

Emotionale Störung 42, 44, 48
Emotionen 25
- positive 33
- Regulation 27
- Störung 48
Emotionsregulation 97, 98
- internale und externale 34
Entdeckerlust, Begrenzung 37
Entwicklung
- emotionale 39
- emotionale, Bereiche 34
- Faktoren, hemmende 36
- kindliche, Zuwendung 37
Entwicklungsgefährdung, allgemeine 42
Episode
- depressive, Dauer 61
- depressive, ICD-10 45, 46
- manische 49
Erblichkeit 74
Erkrankung, chronische körperliche 77
Erleben, Gefühle 26
Ernährung 77
Erwartungen, angemessene 110
Erziehung
- förderliche 86
- Haltung, einheitliche 113
- Werte und Ziele 86
Erziehungsberatung 136, 137
Erziehungseinfluss, Mädchen 102
Erziehungsverhalten, wechselhaftes, schwankendes 103
Ess-Brech-Sucht 65
Essstörung 62, 65, 79
Exploration 53
Explorationsverhalten 36

F

Familie 79
- arme 89
- Entwicklung, depressive, Faktoren 80
- Informationen zur Diagnostik 53
Familienhilfe, sozialpädagogische 137

Fertigkeiten, gute soziale 99
Finanzen, schwierige 88
Fluoxetin 135
Förderbedarf, sonderpädagogischer 141
Förderung, Kinder 108
Fragebögen, Beispielfragen 54, 55
Fressattacken 65
Freundschaften 91, 92
Frühgeburt 21
Fürsorge, verlässliche 29

G

Geborgenheit 28, 87
Gefühle
- Entwicklung, Kinder 27
- Entwicklung und Bedeutung 25, 26
- negative, Umgang 97
- Regulation erlernen 39
- Umgang lernen 34
- wahr-nehmen 114, 115
Gefühlsentwicklung, kindliche 29
Gefühlserleben 97
- Muster, temperamentsbedingte 27
Gefühlsregulation 30, 98
Gehirn, Aufbau 76
Genetik 74
Gereiztheit 25
Geringverdiener 89
Geschlechtsreife 78
Geschlechtsunterschied, Depression 60, 61
Gespräch, diagnostisches, Kind 54
Gesundheit, Entwicklung, gesellschaftliche 89
Gesundheitsrisiko, dauerhaftes 61
Gewalt, Formen 86
Gleichaltrige, Kontakte 123
Grübeln 18, 44
Grundbedürfnisse 28
- Befriedigung 27
- psychische 87
- seelische 33
- weitere 31, 32

- wichtigste psychische 28

H
Heißhunger, unkontrollierter 65
Hilfe
- professionelle 128
- und Unterstützung 107
Hilfebedarf 42
Hilfen in der Erziehung 136
Hoffnungslosigkeit 127
Hormonhaushalt 75, 76
Hyperaktivität 66, 67

I
Identität, eigene 78
Individualisierung, Auswirkungen 90
Intelligenzquotient (IQ) 55
Intelligenztests 55
International Classification of Diseases (ICD) 45
Intuition, elterliche 109

J
Jugendalter
- Freundschaften 91
- Leistungsorientierung 79
- Stimmungsschwankungen 78
Jugendhilfe 85, 136
- Angebote 137
Jugendliche, Stimmungsprobleme 59

K
Kindesentwicklung, Informationen 53
Kind, Stärken, persönliche, Betonung 118
Klassengemeinschaft, Außenseiterposition 100
Kognitive Verhaltenstherapie 130, 131
Kombinierte Störung des Sozialverhaltens und der Emotionen 48
Kommunikation
- Gefühle 26
- unterstützende 115
- wenig wertschätzende 86

Komorbidität 62
Kompetenzen, soziale 98
Konstitution, spezielle körperliche 73
Kontakte, Förderung 122
Kontaktgestaltung 99
Kontrolle, Erleben 31
Konzentrationsprobleme 44
Konzept von Risiko- und Schutzfaktoren 72
Kopfschmerzen 62
Krisen, Hilfen 137

L
Lebensenergie 37
Lebensereignis, kritisches 93
Lebenswille, fehlender 16
Lehrkräfte, Hilfemöglichkeiten 140
Leistungen, schulische 23
- Rückgang 92
Leistungsanforderungen, schulische und gesellschaftliche 90
Lernen
- Entdecken und Ausprobieren 36
- soziales 38
Lernerfahrungen, alltägliche 35
Loyalitätskonflikt 82
Lustgewinn 28
Lustlosigkeit 44
- ausgeprägte 25
- Ursachen 57

M
Mädchen, Depressionshäufigkeit 101, 102
Magersucht 65
Manisch-depressive Störung 49
Medienkonsum, hoher 57, 101
Mediennutzung 67, 90
Medikamente, Nebenwirkungen 77, 135
Misshandlung 86
Mitbestimmung 118
Mobbing 138, 139
Müdigkeit 46, 123
- Ursachen 57

Sachwortregister

Mutlosigkeit, Aktivitäten
  einplanen 123
Mutter, psychisch kranke 85

N
Netzwerke, soziale 90
Neurotransmitter 75
Niedergeschlagenheit 25

O
Orientierung, Förderung 32

P
Persönlichkeitsentwicklung 29
Phobie
– soziale 63
– spezifische 64
Pluralismus 89
Prämenstruelles Syndrom 76
Problembewältigung, Respekt und Austausch 51
Probleme schrittweise angehen 125
Prophezeiung, selbsterfüllende 95
Psychische Störung
– Kennzeichen 41
– zusätzliche 62
Psychopharmakotherapie 134, 135
Psychotherapie 128
– Ablauf 129
– Inhalte 130
– Mitarbeit, Eltern 131
– stationäre 132
Pubertät 60, 78

R
Regeln
– Aufstellen 122
– feste und faire 31
– gemeinsame, Familie 121
Risiko- und Schutzfaktoren 71, 72, 73
Rituale 37, 121

S
Scheidung 80, 81, 82
– Verhaltensweisen 82, 84

Schilddrüsenunterfunktion 76
Schlaf, ausreichender 77
Schulbesuch, regelmäßiger 121
Schuldgefühle 44
Schule 92
– Hilfen 138
– Jugendalter 79
– Mobbing 138, 139
Schulleistungen 20
Schulprobleme 62
Schweigepflicht, ärztlich-therapeutische 54
Selbstbestimmung 110
Selbstbewusstsein
– Entwicklung 36
– schrumpfendes 18
Selbstmordgedanken, Prüfung 54
Selbstmordgefahr, Behandlung, stationäre 132
Selbstmordneigung, Risiken und Warnsignale 68
Selbstständigkeit
– Entwicklung 30
– frühe 17
Selbstwahrnehmung
– Modell, inneres 29
– positive 28
Selbstwert, Entwicklung 30
Selbstwerterhöhung 32
Selbstwertgefühl
– geringes 37
– positives 32
Selbstwertschutz 32
Selbstwertzweifel 25
Selbstwirksamkeit 32
Selektive Serotonin-Wiederaufnahmehemmer (SSRI) 135
Serotoninmangel 75
Sicherheit, Rituale 37
Social Media 24
Sozialverhalten, gestörtes mit emotionaler Störung 48
Sozialverhaltensstörung 66
Stabilität, emotionale 33
Stärkenorientierung 118

Stimmung
- depressive, Aktivitäten fördern 122
- gedrückte 43
- reizbare 44
- tieftraurige 25
Stimmungsprobleme, Verständnis 111
Stimmungsregulation, Botenstoffe 75
Stimmungsschwankungen
- Beobachtung 108
- extreme 49
- Pubertät 78
Streit, innerfamiliärer 16
Stress
- anhaltender 93
- Hormonhaushalt 76
Stressabbau 116
Stresshormone 76
Stressoren, alltägliche 93
Suchtmittelmissbrauch 101
Suizidfantasien 121
Suizidgedanken 46, 62
Suizidneigung 68

T
Tagebuch 118
Tagesablauf, regelmäßiger 120
Temperament
- kindliches schwieriges 31
- persönliches 27
Temperamentsmerkmale 64
Tests, psychologische 55
Todesfantasien 127
Trauer 87
Traurigkeit 16
- Bedeutung und Funktionen 26, 27
- Diagnosen 47
- Wahrnehmung 115
- zunehmende 17
Trennung
- elterliche 22
- Verhaltensweisen 82, 84
Trennungsangst 63

U
Übelkeit 20
Überforderung 28, 36
- Eltern 126
Übergewicht 65
Übergriff, sexueller 102
Überzeugungen 94
Umfeld, soziales 73
Unfallnotzentrale 137
Unlustvermeidung 28
Unterlagen zur Diagnostik 57
Unterstützung
- elterliche 108
- elterliche, Grenzen 126
- elterliche, Möglichkeiten 126
- familiäre und professionelle 141
- professionelle 128
- und Hilfe 127
Unterstützungsmöglichkeiten, hilfreiche 107, 108

V
Vererbung 74
Verhaltensbeobachtung 56
Verhalten, selbstverletzendes 127
Verhaltensstörung 42
Verhaltensverstärkung 38
Verlässlichkeit 117
Verletzbarkeit, erhöhte psychische 103
Verlust 87
Vernachlässigung 86
Versagensangst 15
Verstärkerplan 118, 119
Verstimmung, depressive 44
Verzweiflung 15
Vorbild, elterliches 39, 124
Vorschriften, unnötige 30

W
Wahrnehmungsmuster, überzogen kritische 124
Warnzeichen, besondere 127
Weltgesundheitsorganisation (WHO) 45

Sachwortregister

Wertschätzung 117, 118
– Aufgaben 119
Wertvorstellungen 90
Wohlbefinden, körperliches 44
Wohnverhältnisse 88

Z

Zeit, gemeinsame 117
Ziele, realistische 125
Zuneigung 117
Zusammenarbeit, elterliche 113, 114
Zuwendung 33, 37
– liebevolle 38

Die Autoren

Franz Petermann, Prof. Dr. phil., Dipl.-Psych., Psychologischer Psychotherapeut, Kinder- und Jugendlichenpsychotherapeut, Direktor des Zentrums für Klinische Psychologie und Rehabilitation an der Universität Bremen. Von 1975 bis 1991 Tätigkeiten in den Fachgebieten der Klinischen Kinderpsychologie und Kinderheilkunde an den Universitäten Heidelberg und Bonn, der TU Berlin und der RWTH Aachen.

Prof. Dr. Gunter Groen ist Diplom-Psychologe und Psychotherapeut für Kinder, Jugendliche und Erwachsene. Seit 2010 lehrt und forscht er als Professor an der Hochschule für Angewandte Wissenschaften Hamburg (HAW) mit den Schwerpunkten Klinische Psychologie und Entwicklungspsychologie. Ebenso arbeitet er in einer eigenen psychotherapeutischen Praxis. Als Dozent und Supervisor ist er in der Ausbildung angehender Therapeuten engagiert. 2002 hat er an der Universität Bremen promoviert. In verschiedenen Kliniken und Einrichtungen war er therapeutisch tätig. Er ist Autor diverser Bücher für Therapeuten, Eltern und Erzieher zu Depression im Kinder- und Jugendalter. Er ist verheiratet und Vater von vier Kindern.

Alle wichtigen Fragen und Antworten zur Depression

Pierre Dinner
Depression

100 Fragen, 100 Antworten
Hintergründe, Erscheinung, Therapie

3., überarb. und aktual. Aufl. 2019.
232 S., 12 Abb., Gb
€ 24,95 / CHF 32.50
ISBN 978-3-456-85958-3
Auch als eBook erhältlich

„Depressiv sein", was heißt das? Da die Störung auch heute noch oft nicht erkannt wird oder Unklarheit zum therapeutischen Vorgehen herrscht, bleibt sie häufig unbehandelt. Dr. Pierre Dinner, Psychiater und Psychotherapeut, stellt die 100 wichtigsten Fragen zum Thema und beantwortet sie fachgerecht. Eine Liste der Handelsnamen der im Text erwähnten Medikamente für Deutschland, Österreich und die Schweiz ergänzt das Buch. Die 3. Auflage wurde aktualisiert und überarbeitet.

www.hogrefe.com

Ratgeber Depression

Martin Hautzinger
Ratgeber Depression
Informationen für Betroffene und Angehörige

(Ratgeber zur Reihe Fortschritte der Psychotherapie, Band 13).
2., akt. Auflage 2018.
76 S., Kleinformat,
€ 8,95 / CHF 11.90
ISBN 978-3-8017-2860-1
Auch als eBook erhältlich

Der Ratgeber klärt über die Symptome, den Verlauf, die Ursachen und die Behandlungsmöglichkeiten von Depressionen auf. Außerdem werden Selbsthilfemöglichkeiten vorgestellt. Der Ratgeber hilft dabei, die eigene Krankheit bzw. die Krankheit eines Angehörigen oder Freundes besser zu verstehen. Er eignet sich auch dazu, begleitend zu einer bereits laufenden Behandlung gelesen zu werden und damit die Therapie zu unterstützen.

www.hogrefe.com